SUSSURROS NA ESCURIDÃO

LOVECRAFT

SUSSURROS NA ESCURIDÃO

CONHEÇA NOSSOS LIVROS
ACESSANDO AQUI!

2ª Impressão 2023

Presidente: Paulo Roberto Houch
MTB 0083982/SP

Coordenação Editorial: Priscilla Sipans
Coordenação de Arte: Rubens Martim (projeto gráfico e capa)
Tradução e notas: Fábio Kataoka
Revisão: Júlia Rajão Liboni
Apoio de revisão: Gabriel Cól, Leonan Mariano e Lilian Rozati
Imagens de capa: Shutterstock

Vendas: Tel.: (11) 3393-7727 (comercial2@editoraonline.com.br)

Foi feito o depósito legal.

Dados Internacionais de Catalogação na Publicação (CIP) de acordo com ISBD	
L897c	Lovecraft, H. P.
	Sussurros na escuridão / H. P. Lovecraft. - Barueri : Camelot Editora, 2022. 144 p. ; 15,1cm x 23cm.
	ISBN: 978-65-87817-97-2
	1. Literatura americana. 2. Ficção. I. Título.
2022-2987	CDD 833 CDU 821.112.2-3
Elaborado por Vagner Rodolfo da Silva - CRB-8/9410	

IBC — Instituto Brasileiro de Cultura LTDA
CNPJ 04.207.648/0001-94
Avenida Juruá, 762 — Alphaville Industrial
CEP. 06455-010 — Barueri/SP
www.editoraonline.com.br

SUMÁRIO

SUSSURROS NA ESCURIDÃO (1930)

I.

Tenha em mente que eu não presenciei nenhum horror visual real no fim. Dizer que um choque mental foi a causa do que eu deduzi — a gota d'água que me fez sair correndo da solitária casa da fazenda Akeley através das colinas abobadadas de Vermont em um carro à noite — é ignorar os fatos mais simples de minha vida. Apesar das coisas profundas que vi e ouvi, e de admitir a nítida impressão produzida em mim por essas coisas, não posso provar, mesmo agora, se estava certo ou errado em minha inferência hedionda. Afinal, o desaparecimento de Akeley não estabelece nada. As pessoas não encontraram nada de errado em sua casa, apesar das marcas de balas por fora e por dentro. Era como se ele tivesse saído casualmente para um passeio pelas colinas e não tivesse retornado. Não havia nem sinal de que um hóspede estivera ali, ou que aqueles horríveis cilindros e máquinas haviam sido guardados no escritório. O fato de ele ter temido mortalmente as colinas verdejantes e intermináveis e os riachos entre os quais ele havia nascido e criado também não significa nada; pois milhares estão sujeitos a esses medos mórbidos. A excentricidade, além disso, poderia facilmente explicar seus estranhos atos e apreensões em relação a eles.

Todo o assunto começou, no que me diz respeito, com as inundações históricas e sem precedentes de Vermont em 3 de novembro de 1927. Eu era então, como agora, um instrutor de literatura na Universidade Miskatonic[1], em Arkham, Massachusetts, e um estudante amador entusiasta do folclore da Nova Inglaterra. Pouco depois do dilúvio, em meio aos vários relatos de dificuldades, sofrimento e socorro organizado que encheram a imprensa, surgiram cer-

---

1   A Universidade Miskatonic é uma universidade fictícia criada por Lovecraft.

tas histórias estranhas de coisas encontradas flutuando em alguns dos rios transbordados; de modo que muitos de meus amigos iniciaram discussões curiosas e apelaram para que eu lançasse a luz que pudesse sobre o assunto. Senti-me lisonjeado por ter meu estudo de folclore levado tão a sério e fiz o que pude para menosprezar os contos selvagens e vagos que pareciam tão claramente uma reinvenção de velhas superstições rústicas. Entreti-me com diversas pessoas instruídas que insistiam na possibilidade de algum fato sombrio estar por trás dos boatos.

As histórias assim trazidas ao meu conhecimento vieram principalmente através de recortes de jornais, embora a história tenha uma fonte oral e tenha sido repetida a um amigo meu em uma carta enviada por sua mãe, que morava em Hardwick, Vermont. O tipo de coisa descrita era essencialmente o mesmo em todos os casos, embora parecesse haver três instâncias diferentes envolvidas — uma ligada ao rio Winooski, perto de Montpelier, outra ligada ao rio Oeste, no condado de Windham, além de Newfane, e uma terceira centrada no Passumpsic, no condado de Caledônia, acima de Lyndonville. É claro que muitos dos itens perdidos remetiam a outros casos, mas, na análise, todos pareciam se resumir a esses três. Em cada caso, as pessoas do campo relataram ter visto um ou mais objetos muito bizarros e perturbadores nas águas agitadas que desciam das colinas pouco frequentadas, e havia uma tendência generalizada em ligar essas visões a um ciclo primitivo, algo esquecido, de lendas sussurradas que os velhos ressuscitavam para tais situações.

O que as pessoas achavam que viam eram formas orgânicas diferentes de qualquer outra que já tinham visto antes. Naturalmente, havia muitos corpos humanos arrastados pelos córregos naquele período trágico; mas aqueles que descreveram essas estranhas formas tiveram certeza de que não eram humanos, apesar de algumas semelhanças superficiais em tamanho e contorno geral. Disseram as testemunhas que nem poderiam ter sido qualquer tipo de animal conhecido em Vermont. Eram coisas rosadas com cerca de um metro e meio de comprimento, com corpos de crustáceos e vastos pares de barbatanas dorsais ou asas membranosas e vários conjuntos de membros articulados, e com uma espécie de elipsoide convoluto, coberto por muitas antenas curtas, onde normalmente estaria uma cabeça. Era realmente notável como os relatórios de diferentes fontes tendiam a coincidir; embora a maravilha fosse diminuída pelo fato de que as velhas lendas, compartilhadas alguma vez por toda a região montanhosa, forneciam um quadro mórbido vívido que poderia muito bem ter colorido a imaginação de todas as testemunhas envolvidas. Cheguei à conclusão de que tais testemunhas — em todos os casos, gente ingênua e simples

— tinham vislumbrado os corpos machucados e inchados de seres humanos ou animais de fazenda nas correntes rodopiantes; e permitiram que o quase esquecido folclore investisse esses objetos lamentáveis de atributos fantásticos.

O folclore antigo, embora nebuloso, evasivo e amplamente esquecido pela geração atual, era de caráter altamente singular e obviamente refletia a influência de contos indígenas ainda mais antigos. Eu o conhecia bem, embora nunca tivesse estado em Vermont, através da raríssima monografia de Eli Davenport, que abrange material obtido oralmente antes de 1839 entre as pessoas mais velhas do estado. Além disso, esse material coincidia estreitamente com as histórias que eu ouvira pessoalmente de velhos moradores das montanhas de New Hampshire. Em suma, sugeria uma raça oculta de seres monstruosos que espreitavam em algum lugar entre as colinas mais remotas — nas florestas profundas dos picos mais altos e nos vales escuros onde os riachos gotejam de fontes desconhecidas. Esses seres raramente eram vislumbrados, mas evidências de sua presença eram relatadas por aqueles que se aventuraram mais longe do que o habitual pelas encostas de algumas montanhas ou por desfiladeiros profundos e íngremes que até mesmo os lobos evitavam.

Havia pegadas estranhas ou marcas de garras na lama das margens dos riachos, trechos áridos e curiosos círculos de pedras, com a grama ao redor desgastada, que não parecia ter sido colocada ou inteiramente moldada pela natureza. Havia também certas cavernas de profundidade problemática nas encostas das colinas; com entradas fechadas por pedregulhos de maneira quase acidental e com rastros e gravuras esquisitas que se aproximam e se afastam delas — se é que a direção desses vestígios pode ser estimada com justiça. E o pior de tudo, havia as coisas que os aventureiros raramente viam no crepúsculo dos vales mais remotos e nas densas matas perpendiculares acima dos limites da escalada normal.

Teria sido menos desconfortável se os relatos desgarrados dessas coisas não tivessem concordado tão bem. Pelo que se dizia, quase todos os rumores tinham vários pontos em comum; afirmando que as criaturas eram uma espécie enorme de caranguejo vermelho-claro com muitos pares de pernas e com duas grandes asas de morcego no meio das costas. Às vezes eles andavam com todas as pernas, e às vezes apenas no último par, usando os outros para transportar grandes objetos de natureza indeterminada. Em uma ocasião, eles foram vistos em número considerável, um destacamento deles caminhando ao longo de um curso de água raso na floresta, três, lado a lado, em formação evidentemente disciplinada. Certa vez, um espécime foi visto voando — lançando-se do topo de uma colina careca e solitária à noite e desaparecendo no céu depois que suas grandes asas bateram em silhueta por um instante contra a lua cheia.

Essas coisas pareciam satisfeitas, por via de regra, em deixar a humanidade em paz; embora às vezes fossem responsabilizadas pelo desaparecimento de indivíduos aventureiros — especialmente pessoas que construíam casas muito próximas a certos vales ou muito altas em certas montanhas. Muitas localidades passaram a ser conhecidas como desaconselháveis para se instalar, o sentimento persistindo muito depois que a causa foi esquecida. As pessoas olhavam para alguns dos precipícios das montanhas vizinhas com um estremecimento, mesmo sem se lembrar de quantos colonos haviam sido perdidos e quantas casas de fazenda queimadas em cinzas nas encostas mais baixas daquelas sentinelas verdes e sombrias.

Mas, de acordo com as lendas mais antigas, enquanto as criaturas pareciam ter prejudicado apenas aqueles que invadiam sua privacidade, houve relatos posteriores de sua curiosidade a respeito dos homens e de suas tentativas de estabelecer postos avançados secretos no mundo humano. Havia histórias das estranhas pegadas de garras vistas ao redor das janelas das casas de fazenda pela manhã e de desaparecimentos ocasionais em regiões fora das áreas obviamente assombradas. Além disso, também havia lendas que falavam de vozes zumbindo em imitação da fala humana que faziam ofertas surpreendentes a viajantes solitários em estradas e caminhos de carroças nos bosques profundos, e de crianças apavoradas por coisas vistas ou ouvidas onde a floresta primitiva se abria, logo além de seus quintais. Na camada final das lendas — a camada que precede o declínio da superstição e o abandono do contato próximo com os lugares temidos — havia referências chocantes a eremitas e agricultores remotos que em algum período da vida pareciam ter sofrido uma mudança psicológica repulsiva, e que foram evitados e apontados como mortais que se venderam para os seres estranhos. Em um dos condados do Nordeste, parecia ser moda, por volta de 1800, acusar os reclusos excêntricos e impopulares de serem aliados ou representantes das coisas abominadas.

Quanto ao que eram as coisas, as explicações variavam, naturalmente. O nome comum aplicado a eles era "aqueles" ou "os antigos", embora outros termos tivessem uso local e transitório. Talvez a maior parte dos colonos puritanos os tenham classificado sem rodeios como familiares do diabo e os tenha feito de base para uma especulação teológica temerosa. Aqueles com lendas celtas em sua herança — principalmente o elemento escocês-irlandês de New Hampshire e seus parentes que se estabeleceram em Vermont com as concessões coloniais do governador Wentworth — os ligavam vagamente às fadas malignas e a "pe-

quenas pessoas" dos pântanos e brejos, e se protegiam com fragmentos de encantamentos transmitidos por muitas gerações. Mas os indígenas tinham as teorias mais fantásticas de todas. Embora as lendas tribais diferissem, havia um acentuado consenso de crenças em certos detalhes vitais, concordando unanimemente que as criaturas não eram nativas deste mundo.

Os mitos dos Pennacooks[2], que eram os mais consistentes e pitorescos, ensinavam que os Alados vinham dos céus, direto da Ursa Maior, e tinham minas em nossas colinas terrenas de onde tiravam uma espécie de pedra que não podiam pegar em nenhum outro mundo. Eles não moravam aqui, diziam os mitos, apenas mantinham postos avançados e voavam de volta com vastas cargas de pedra para suas próprias estrelas no Norte. Eles prejudicavam apenas as pessoas da Terra que chegavam muito perto deles ou os espionavam. Os animais os evitavam por ódio instintivo, não por serem caçados. Eles não podiam comer as coisas e os animais da Terra, mas traziam seu próprio alimento das estrelas. Era ruim chegar perto deles, e às vezes os jovens caçadores que entravam em suas colinas nunca mais voltavam. Também não era bom ouvir o que eles sussurravam à noite na floresta, com vozes que soavam como abelhas na tentativa de imitar as vozes dos homens. Eles conheciam a fala de todos os tipos de homens — Pennacooks, Hurons[3], homens das Cinco Nações —, mas não pareciam ter ou precisar de qualquer fala própria. Eles conversavam com suas cabeças, que mudavam de cor de maneiras diferentes para significar coisas diferentes.

Todas as lendas, é claro, brancas e indígenas, desapareceram durante o século XIX, exceto por ocasionais surtos atávicos. Os costumes dos povos de Vermont se estabeleceram e, uma vez que seus caminhos e moradas habituais foram estabelecidos de acordo com um determinado plano fixo, eles se lembravam cada vez menos dos medos e receios que determinaram esse plano, e até mesmo de que houve quaisquer medos ou receios. A maioria das pessoas simplesmente sabia que certas regiões montanhosas eram consideradas altamente insalubres, não lucrativas e geralmente sem sorte para se viver, e que quanto mais longe se mantivesse delas, melhor seria. Com o tempo, os rumos do interesse econômico e comercial tornaram-se tão profundos nos lugares aprovados que não havia mais razão para sair daqueles limites, e as colinas assombradas foram deixadas desertas por acidente, e não por desígnio. Exceto durante os raros sustos locais, apenas avós apaixonadas por coisas fantásticas e nonagenários nostálgicos algumas vezes contavam sobre seres que

---

2   Pennacooks são indígenas norte-americanos.
3   Hurons são um grupo de indígenas agricultores da América do Norte.

moravam naquelas colinas; e mesmo essas histórias admitiam que não havia muito a temer daquelas coisas agora que estavam acostumadas à presença de casas e assentamentos, e agora que os seres humanos deixavam seu território escolhido totalmente abandonado.

Tudo isso eu sabia há muito tempo pelas minhas leituras e por certos contos folclóricos recolhidos em New Hampshire; portanto, quando os rumores sobre a época da inundação começaram a aparecer, pude facilmente adivinhar qual era o pano de fundo imaginativo que os havia desenvolvido. Eu me esforcei muito para explicar isso aos meus amigos e me diverti quando várias almas contenciosas continuaram a insistir em um possível elemento de verdade nos relatórios. Essas pessoas tentaram apontar que as lendas antigas tinham uma persistência e uniformidade significativas, e que a natureza praticamente inexplorada das colinas de Vermont tornava imprudente ser dogmático sobre o que poderia ou não habitá-las; tampouco poderiam ser silenciados por minha garantia de que todos os mitos eram de um padrão bem conhecido, comuns à maioria da humanidade e determinados pelas fases iniciais da experiência imaginativa, que sempre produziam o mesmo tipo de delírio.

Era inútil demonstrar a tais oponentes que os mitos de Vermont diferiam pouco em essência daquelas lendas universais de personificação natural que encheram o mundo antigo de faunos, dríades e sátiros, sugeriram o *kallikanzari*[4] da Grécia moderna e deram ao selvagem País de Gales e à Irlanda suas crenças sombrias de estranhas, pequenas e terríveis raças ocultas de trogloditas e escavadores. Não adiantava, também, apontar a crença ainda mais surpreendentemente semelhante das tribos das colinas nepalesas nos temidos *Mi-Go*[5] ou "Abomináveis Homens das Neves", que espreitam horrivelmente entre os pináculos de gelo e rochas dos cumes do Himalaia. Quando apresentei essa evidência, meus oponentes se voltaram contra mim, alegando que ela deve implicar alguma historicidade real para os contos antigos, e argumentaram pela existência real de alguma raça estranha mais antiga, levada a se esconder após o advento e domínio da humanidade, e que poderia ter sobrevivido em números reduzidos até épocas relativamente recentes — ou mesmo até o presente.

Quanto mais eu ria dessas teorias, mais esses amigos teimosos as defendiam, acrescentando que, mesmo sem a herança da lenda, os relatos recentes eram muito claros, consistentes, detalhados e prosaicos na maneira de contar para serem completamente ignorados. Dois ou três extremistas fanáticos chegaram ao ponto de sugerir possíveis significados nos antigos contos indígenas que da-

---

4   *Os kallikanzari* são monstros meio humanos da mitologia grega.
5   *Mi-Go* é uma raça fictícia de extraterrestres criada por Lovecraft.

vam aos seres ocultos uma origem não terrestre, citando os livros extravagantes de Charles Fort e suas alegações de que viajantes de outros mundos e do espaço sideral frequentemente visitavam a Terra. A maioria dos meus inimigos, no entanto, era de meros românticos que insistiam em tentar transferir para a vida real a fantástica tradição de "pequenos" que nos espionavam, popularizada pela magnífica ficção de terror de Arthur Machen[6].

II.

Como era natural naquelas circunstâncias, esse debate acalorado finalmente foi impresso na forma de cartas ao *Arkham Advertiser*, algumas das quais foram republicadas na imprensa daquelas regiões de Vermont, de onde vieram as histórias do dilúvio. O jornal *Rutland Herald* publicou meia página com trechos extraídos das cartas em ambos os lados, enquanto o *Brattleboro Reformer* reproduziu um de meus longos resumos históricos e mitológicos na íntegra, com alguns comentários na coluna intelectual *The Pendrifter's*, que apoiou e aplaudiu minhas conclusões céticas. Na primavera de 1928, eu era quase uma figura célebre em Vermont, apesar de nunca ter pisado no estado. Então vieram as cartas desafiadoras de Henry Akeley, que me impressionaram profundamente e que me levaram, pela primeira e última vez, àquele fascinante reino de precipícios verdes lotados e riachos de floresta murmurantes.

A maior parte do que sei sobre Henry Wentworth Akeley foi obtida por correspondência com seus vizinhos e com seu único filho na Califórnia, depois de minha experiência em sua solitária casa de fazenda. Ele era, descobri, o último representante em sua terra natal de uma longa e distinta linhagem de juristas, administradores e senhores agricultores. Nele, no entanto, a família havia se desviado mentalmente dos assuntos práticos para a erudição pura, uma vez que ele havia sido um notável estudante de matemática, astronomia, biologia, antropologia e folclore na Universidade de Vermont. Eu nunca tinha ouvido falar dele, e ele não deu muitos detalhes autobiográficos em suas comunicações; mas desde o início vi que ele era um homem de caráter, educação e inteligência, embora um recluso com pouca sofisticação mundana.

Apesar da natureza incrível do que ele alegava, não pude deixar de levar Akeley mais a sério do que qualquer um dos outros contestadores de meus

---

6   Arthur Machen (1863 - 1947) foi um escritor, tradutor, crítico literário, jornalista e ator de teatro galês, famoso por seus contos e novelas de terror e fantasia no final do século XIX.

pontos de vista. Por um lado, ele estava realmente próximo dos fenômenos reais — visíveis e tangíveis —, sobre os quais ele especulava de forma tão grotesca; e por outro lado, ele estava incrivelmente disposto a deixar suas conclusões em um estado provisório, como um verdadeiro homem da ciência. Ele não tinha preferências pessoais para avançar e sempre foi guiado pelo que considerava uma evidência sólida. Claro que comecei por considerá-lo enganado, mas dei-lhe crédito por estar inteligentemente enganado; e em nenhum momento imitei alguns de seus amigos, que atribuíam suas ideias e seu medo das solitárias colinas verdes à insanidade. Eu podia ver que aquilo era muito importante para aquele homem, e sabia que o que ele relatava certamente vinha de circunstâncias estranhas merecedoras de investigação, por pouco que pudesse ter a ver com as causas fantásticas que ele atribuiu. Mais tarde, recebi dele certas provas materiais que colocaram o assunto em uma base um tanto diferente e desconcertantemente bizarra.

Não posso fazer melhor do que transcrever na íntegra, na medida do possível, a longa carta em que Akeley se apresentou e que constituiu um marco tão importante em minha própria história intelectual. Não está mais em minha posse, mas minha memória guarda quase todas as palavras de sua mensagem portentosa; e novamente afirmo minha confiança na sanidade do homem que a escreveu. Aqui está o texto — um texto que me chegou com pequenos rabiscos e de aparência arcaica, de alguém que obviamente não se misturou muito com o mundo durante sua vida tranquila e acadêmica.

R.F.D. #2,
Townshend, Windham Co., Vermont.
5 de maio de 1928.

Albert N. Wilmarth, Esq
118 Saltonstall St.,
Arkham, Mass

Meu caro senhor,
Li com grande interesse a reprodução do Brattleboro Reformer (23 de abril de 28) de sua carta sobre as histórias recentes de corpos estranhos vistos flutuando em nossos riachos inundados no outono passado e sobre o folclore curioso com o qual elas concordam tão bem. É fácil ver por que um forasteiro tomaria a posição que você toma, e até por que "Pendrifter" con-

corda com você. Essa é a atitude geralmente tomada por pessoas educadas tanto dentro como fora de Vermont, e foi minha própria atitude quando jovem (agora tenho 57 anos), antes que meus estudos, tanto gerais quanto no livro de Davenport, me levassem a explorar algumas partes das colinas por aqui não habitualmente visitadas.

Fui direcionado para esses estudos pelas velhas histórias estranhas que costumava ouvir de fazendeiros idosos do tipo mais ignorante, mas agora gostaria de ter deixado todo o assunto em paz. Posso dizer, com a devida modéstia, que o tema da antropologia e do folclore não me é estranho. Aprendi bastante na faculdade e estou familiarizado com a maioria das autoridades em antropologia, como Tylor, Lubbock, Frazer, Quatrefages, Murray, Osborn, Keith, Boule, G. Elliott Smith e assim por diante. Não é novidade para mim que os contos de raças ocultas são tão antigos quanto toda a humanidade. Eu vi as reproduções de suas cartas e daqueles que concordam com você no Rutland Herald, e acho que sei onde está sua controvérsia no momento.

O que desejo dizer agora é que temo que seus adversários estejam mais próximos de você do que você pensa, embora toda a razão pareça estar do seu lado. Eles estão mais próximos do que imaginam — pois é claro que eles se guiam apenas pela teoria e não podem saber o que eu sei. Se eu soubesse tão pouco do assunto quanto eles, me sentiria justificado em acreditar, assim como eles. Eu estaria totalmente do seu lado.

Você pode ver que estou tendo dificuldade em chegar ao ponto, provavelmente porque realmente temo chegar ao ponto; mas o resultado da questão é que tenho certas evidências de que coisas monstruosas realmente vivem nos bosques das altas colinas que ninguém visita. Não vi nenhuma das coisas flutuando nos rios, conforme relatado, mas vi coisas como elas em circunstâncias que temo repetir. Tenho visto pegadas, e ultimamente as tenho visto mais perto de minha própria casa (vivo no antigo lugar de Akeley, ao sul de Townshend Village, ao lado da Montanha Sombria) do que gostaria de admitir agora. E ouvi vozes na floresta em certos pontos que nem me atrevo a descrever no papel.

Em um lugar, eu as ouvi tanto que levei um fonógrafo com um anexo de ditafone e cera em branco — e tentarei providenciar para que você ouça o disco que consegui. Coloquei-o na máquina para alguns dos velhos aqui em cima, e uma das vozes quase os deixou paralisados por causa de sua semelhança com uma certa voz (aquela voz zumbindo na floresta que Davenport menciona) que suas avós contavam e imitavam para eles. Eu sei o que as pessoas pensam de um homem que fala sobre "ouvir vozes" — mas antes de tirar conclusões, apenas ouça esse disco e pergunte a algumas das pessoas mais velhas o que elas acham disso. Se você puder explicar normalmente, muito bem; mas deve haver algo por trás disso. *Ex nihilo nihil fit*[7], você sabe.

Agora, meu objetivo ao escrevê-lo não é iniciar uma discussão, mas fornecer informações que acho que um homem de seu gosto achará profundamente interessantes. Isso é privado. Publicamente estou do seu lado, pois certas coisas me mostram que não convém que as pessoas saibam muito sobre esses assuntos. Meus próprios estudos são agora totalmente privados, e eu não pensaria em dizer nada para atrair a atenção das pessoas e levá-las a visitar os lugares que explorei. É verdade — terrivelmente verdade — que existem criaturas não humanas nos observando o tempo todo; com espiões entre nós coletando informações. Foi de um homem miserável, que, se era são (como acho que era), era um desses espiões, que consegui grande parte das minhas pistas sobre o assunto. Mais tarde, ele se matou, mas tenho motivos para pensar que há outros agora.

As coisas vêm de outro planeta, sendo capazes de viver no espaço interestelar e voar através dele em asas desajeitadas e poderosas que têm uma maneira de resistir ao éter, mas que são muito pobres em direção para serem de alguma utilidade na Terra. Eu lhe contarei sobre isso mais tarde, se você não me descartar imediatamente como um louco. Eles vêm aqui para pegar metais de minas que estão nas profundezas das colinas, e acho que sei de onde eles vêm. Eles não vão nos machucar se os deixarmos em paz, mas ninguém pode dizer o que acontecerá se ficarmos muito curiosos sobre eles. Claro que um bom exército de homens poderia acabar com sua colônia de mineração. É disso que eles têm medo. Mas se isso acontecesse, outros viriam — qualquer número deles. Eles poderiam facilmente conquistar a Terra, mas não tentaram até agora porque não precisavam. Eles preferem manter as coisas como estão para evitar perturbações.

Acho que pretendem se livrar de mim por causa do que descobri. Há uma grande pedra negra com hieróglifos desconhecidos desgastados que encontrei na floresta de Round Hill, a leste daqui; e depois que a levei para casa tudo ficou diferente. Se eles acharem que eu suspeito demais, eles vão me matar ou me levar para a terra de onde eles vêm. Eles gostam de levar

---

7   *Ex nihilo nihil fit* é uma expressão latina que significa "nada surge do nada". A frase é atribuída ao filósofo grego Parmênides.

os homens instruídos de vez em quando, para se manterem informados sobre o estado das coisas no mundo humano.

Isso me leva ao meu objetivo secundário ao me dirigir a você — por favor, silencie o presente debate em vez de dar mais publicidade a ele. As pessoas devem ser mantidas longe dessas colinas e, para conseguir isso, sua curiosidade não deve ser ainda mais despertada. Deus sabe que há perigo suficiente de qualquer maneira, com promotores e agentes imobiliários inundando Vermont com rebanhos de veranistas para invadir os lugares selvagens e cobrir as colinas com bangalôs baratos.

Agradecerei mais comunicações com você e tentarei enviar-lhe aquele disco fonográfico e a pedra preta (que está tão desgastada que as fotografias não mostram muito) por correio, se você estiver disposto. Digo que vou "tentar" porque acho que essas criaturas têm um jeito de mexer nas coisas por aqui. Há um sujeito furtivo e mal-humorado, chamado Brown, em uma fazenda perto da aldeia, que eu acho que é o espião deles. Pouco a pouco eles estão tentando me cortar do nosso mundo porque eu sei muito sobre o mundo deles.

Eles têm a maneira mais incrível de descobrir o que eu faço. Você pode nem mesmo receber esta carta. Acho que terei que deixar esta parte do país e ir morar com meu filho em San Diego, Califórnia, se as coisas piorarem, mas não é fácil desistir do lugar em que você nasceu e onde sua família viveu por seis gerações. Além disso, eu dificilmente ousaria vender esta casa para alguém agora que as criaturas tomaram conhecimento dela. Eles parecem estar tentando recuperar a pedra preta e destruir o disco fonográfico, mas não os deixarei, se puder evitar. Meus grandes cães policiais sempre os detêm, pois ainda há muito poucos aqui, e eles são desajeitados para se locomover. Como eu disse, suas asas não são muito úteis para voos curtos na Terra. Estou prestes a decifrar aquela pedra — de uma maneira terrível —, e com seu conhecimento de folclore você pode fornecer os elos perdidos para me ajudar. Suponho que você saiba tudo sobre os terríveis mitos anteriores à vinda do homem à Terra — os ciclos Yog-Sothoth[8] *e* Cthulhu[9] — *que são sugeridos no* Necronomicon[10]. *Eu tive acesso a uma cópia disso uma vez, e ouvi dizer que você tem uma na biblioteca da faculdade, trancada a sete chaves.*

---

8   Yog-Sothoth é uma divindade que habita o sombrio mundo criado por H.P. Lovecraft em seus contos.
9   Cthulhu é uma entidade cósmica criada por Lovecraft.
10   *Necronomicon* é um livro fictício criado por Lovecraft.

Para concluir, Sr. Wilmarth, acho que com nossos respectivos estudos podemos ser muito úteis um ao outro. Não desejo colocá-lo em perigo, e suponho que devo avisá-lo de que a posse da pedra e do registro não será muito segura; mas acho que você encontrará quaisquer riscos que valham a pena correr por causa do seu conhecimento. Vou de carro até Newfane ou Brattleboro para enviar o que quer que você me autorize, pois as agências do correio são mais confiáveis. Posso dizer que moro sozinho agora, já que não posso mais manter empregados contratados. Eles não ficam por causa das coisas que tentam chegar perto da casa à noite e que mantêm os cães latindo continuamente. Estou feliz por não ter me aprofundado tanto no negócio enquanto minha esposa estava viva, pois isso a teria enlouquecido.

Espero que eu não o esteja incomodando indevidamente e que você decida entrar em contato comigo em vez de jogar esta carta no cesto de lixo como um delírio de um louco.

Atenciosamente,
Henry W. Akeley

P.S. Estou fazendo algumas cópias extras de algumas fotos tiradas por mim, que acho que ajudarão a comprovar vários pontos que mencionei. Os mais velhos pensam que são monstruosamente verdadeiras. Vou enviar-lhe estas muito em breve, se você estiver interessado.

H.W.A.

Seria difícil descrever meus sentimentos ao ler esse estranho documento pela primeira vez. Por todas as regras comuns, eu deveria ter rido mais alto dessas extravagâncias do que das teorias muito mais suaves que antes me levaram à alegria; no entanto, algo no tom da carta me fez levá-la com uma seriedade paradoxal. Não que eu acreditasse nem por um momento na raça oculta das estrelas de que falava meu correspondente; mas, depois de algumas sérias dúvidas preliminares, passei a me sentir estranhamente seguro de sua sanidade e sinceridade, e de seu confronto com algum fenômeno genuíno, embora singular e anormal, que ele não podia explicar exceto dessa maneira imaginativa. Não podia ser como ele pensava, refleti, mas, por outro lado, não podia ser senão digno de investigação. O homem parecia excessivamente excitado e alarmado com alguma coisa, mas era difícil pensar que não havia uma verdadeira razão. Ele era tão específico e lógico em certos aspectos — e, afinal, sua história se encaixava tão desconcertantemente bem com alguns dos antigos mitos —, até mesmo as lendas indígenas mais selvagens.

Que ele realmente tivesse ouvido vozes perturbadoras nas colinas e realmente tivesse encontrado a pedra negra de que falou, era totalmente possível, apesar das inferências malucas que ele havia feito — inferências provavelmente sugeridas pelo homem que alegou ser um espião dos Seres Exteriores e, mais tarde, se matou. Era fácil deduzir que aquele homem devia ser totalmente louco, mas que provavelmente tinha um traço de lógica externa perversa que fez o ingênuo Akeley — já preparado para essas coisas por seus estudos folclóricos — acreditar em sua história. Quanto aos últimos acontecimentos, parecia que, por sua incapacidade de manter empregados contratados, os vizinhos rústicos mais humildes de Akeley estavam tão convencidos quanto ele de que sua casa era assediada por coisas estranhas à noite. E, além disso, os cães realmente latiam.

E depois havia a questão daquele disco fonográfico, que eu não podia deixar de acreditar que ele havia obtido da maneira como disse. Deve significar alguma coisa; talvez fossem ruídos de animais que enganosamente se assemelham à fala humana, ou talvez fosse a fala de algum ser humano oculto, que assombrava a noite e decaiu para um estado não muito superior ao dos animais inferiores. A partir disso, meus pensamentos voltaram para a pedra negra com hieróglifos e para as especulações sobre o que isso poderia significar. E quanto às fotografias que Akeley disse que estava prestes a enviar e que os mais velhos tinham achado tão convincentemente terríveis?

Ao reler os garranchos da caligrafia, senti como nunca antes que meus oponentes crédulos pudessem ter mais razão do que eu admitira. Afinal, pode haver alguns párias esquisitos e talvez hereditariamente deformados naquelas colinas evitadas, mesmo que não exista uma raça de monstros nascidos nas estrelas, como o folclore afirma. E se houvesse, então a presença de corpos estranhos nos riachos inundados não seria totalmente inacreditável. Seria muito presunçoso supor que tanto as lendas antigas quanto os relatos recentes tivessem alguma realidade por trás? Mas mesmo enquanto eu nutria essas dúvidas, eu me sentia envergonhado de que uma bizarrice tão fantástica como a carta selvagem de Henry Akeley as tivesse trazido à tona.

Por fim, respondi à carta de Akeley, adotando um tom de interesse amigável e solicitando mais detalhes. Sua resposta veio quase no correio seguinte; e continha, fiel à promessa, várias imagens de cenas e objetos que ilustravam o que ele tinha a dizer. Olhando para essas fotos enquanto as tirava do envelope, tive uma curiosa sensação de medo e proximidade com coisas proibidas; pois apesar da imprecisão da maioria delas, elas tinham um poder sugestivo terrível que foi intensificado pelo fato de serem fotografias genuínas — vínculos ópticos reais com o que retratavam e produto de um processo de transmissão impessoal, sem preconceito, falibilidade ou falsidade.

Quanto mais eu olhava para as fotos, mais percebia que minha estimativa anterior de Akeley e sua história não era injustificada. Certamente, essas fotos continham evidências conclusivas de algo nas colinas de Vermont que estava pelo menos muito fora do raio de nosso conhecimento e crença comuns. O pior de tudo era a pegada — uma imagem obtida onde o sol brilhava em uma mancha de lama em algum lugar de um planalto deserto. Isso não era uma falsificação barata, eu pude ver de relance; pois os seixos e as lâminas de grama nitidamente definidas no campo de visão davam um claro índice de escala e não deixavam nenhuma possibilidade de uma dupla exposição complicada. Chamei a coisa de "pegada", mas "impressão de garra" seria um termo melhor. Mesmo agora, mal posso descrevê-la, a não ser dizer que era horrivelmente parecida com um caranguejo e que parecia haver alguma ambiguidade sobre sua direção. Não era uma impressão muito profunda ou fresca, mas parecia ser do tamanho do pé de um homem comum. De uma base central, pares de pinças com dentes de serra projetavam-se em direções opostas — bastante desconcertantes quanto à função, se é que todo o objeto fosse exclusivamente um órgão de locomoção.

Outra fotografia — evidentemente uma exposição temporal tirada na sombra profunda — era da entrada de uma caverna na floresta, com uma pedra de regularidade arredondada obstruindo a abertura. No chão nu à sua frente, podia-se apenas discernir uma densa rede de trilhas curiosas, e quando estudei a imagem com uma lupa, tive certeza de que as trilhas eram como a da outra imagem. Uma terceira foto mostrava um círculo de pedras eretas semelhante a um druida no cume de uma colina selvagem. Ao redor do círculo enigmático, a grama estava muito desgastada, embora eu não conseguisse detectar nenhuma pegada, mesmo com a lupa. A extrema distância do lugar era visível no verdadeiro mar de montanhas sem ocupação que formavam o fundo e se estendiam em direção a um horizonte enevoado.

Mas se a mais perturbadora de todas as imagens era a da pegada, a mais curiosamente sugestiva era a da grande pedra negra encontrada nos bosques de Round Hill. Akeley a havia fotografado no que era evidentemente sua mesa de estudo, pois eu podia ver fileiras de livros e um busto de Milton ao fundo. A coisa, pelo que se poderia imaginar, tinha voltado para a câmera verticalmente com uma superfície curva um tanto irregular de 30 por 60 centímetros; mas dizer algo definitivo sobre essa superfície ou sobre a forma geral de toda a massa quase desafia o poder da linguagem. Quais estranhos princípios geométricos guiaram seu corte — pois era certamente um corte artificial — eu não conseguia nem começar a adivinhar; e nunca antes eu tinha visto nada que me parecesse tão estranho a este mundo. Dos hieróglifos na superfície, eu pude discernir muito poucos, mas um ou dois que vi me causaram um choque. Claro que podem ser fraudulentos, pois outros além de mim leram o monstruoso e abominável *Necronomicon* do louco árabe Abdul Alhazred; mas, mesmo assim, estremeci ao reconhecer certos ideogramas que o estudo me ensinara a relacionar com as mais horripilantes e blasfemas lendas de coisas que tinham uma espécie de meia existência louca antes que a Terra e os outros mundos internos do sistema solar tivessem sido criados.

Das cinco fotos restantes, três eram de cenas de pântanos e colinas que pareciam trazer vestígios de um arrendamento oculto e insalubre. Outra era de uma marca estranha no chão, muito perto da casa de Akeley, que ele disse ter fotografado na manhã seguinte a uma noite em que os cães latiram mais violentamente do que o normal. Estava muito borrada, e não se podia tirar conclusões seguras disso; mas parecia diabolicamente com aquela outra marca ou pegada fotografada no planalto deserto. A imagem final era do próprio lugar de Akeley; uma elegante casa branca de dois andares e sótão, com cerca de um século e um quarto de idade, com um gramado bem cuidado e um caminho de pedra que conduzia a uma porta georgiana esculpida com bom gosto. Havia vários cães policiais enormes no gramado, deitados próximos a um homem de rosto agradável, com uma barba grisalha curta, que eu considerava ser o próprio Akeley — seu próprio fotógrafo, como se pode inferir do acionador conectado a um tubo em sua mão direita.

Das fotos, voltei-me para a carta volumosa e bem escrita; e pelas três horas seguintes fiquei imerso em um abismo de horror indescritível. Onde antes Akeley havia dado apenas esboços antes, ele agora entrava em detalhes minuciosos; apresentando longas transcrições de palavras ouvidas na floresta à noite, longos relatos de monstruosas formas rosadas espiadas em moitas no crepúsculo nas colinas e uma terrível narrativa cósmica derivada da aplicação de erudição profunda e variada aos intermináveis discursos proferidos pelo seu louco espião que se matara. Encontrei-me diante de nomes e termos que ouvira em outros lugares nas mais horríveis conexões — Yuggoth[11], Grande

---

11 Yuggoth é um planeta fictício no universo de Lovecraft.

Cthulhu, Tsathoggua[12], Yog-Sothoth, R'lyeh[13], Nyarlathotep[14], Azathoth[15], Hastur[16], Yian-Ho[17], Leng[18], o Lago de Hali[19], Bethmoora[20], o Símbolo Amarelo[21], L'mur-Kathulos, Bran e o Magnum Innominandum[22] — e fui arrastado de volta através de Eras sem nome e dimensões inconcebíveis para mundos de entidades externas mais antigas que o autor enlouquecido do *Necronomicon* apenas havia sugerido de maneira vaga. Fui informado sobre os buracos da vida primitiva e dos riachos que escorriam de lá; e, finalmente, dos pequenos riachos de uma daquelas correntes que se enredaram com os destinos de nossa própria Terra.

Meu cérebro girou; e enquanto antes eu tentava explicar as coisas, agora comecei a acreditar nas maravilhas mais anormais e incríveis. O conjunto de provas vitais era terrivelmente vasto e esmagador; e a atitude fria e científica de Akeley — uma atitude tão distante quanto se possa imaginar dos dementes, dos fanáticos, dos histéricos ou mesmo dos extravagantemente especulativos — provocou um efeito tremendo em meu pensamento e julgamento. No momento em que deixei a carta assustadora de lado, pude entender os medos que ele tinha de enfrentar, e estava pronto para fazer qualquer coisa ao meu alcance para manter as pessoas longe daquelas colinas selvagens e assombradas. Mesmo agora, quando o tempo embotou a impressão e me fez questionar minha própria experiência e dúvidas horríveis, há coisas nessa carta de Akeley que eu não citaria, ou mesmo formaria palavras no papel. Estou contente que a carta, o registro e as fotografias tenham desaparecido — e desejo, por razões que logo deixarei claras, que o novo planeta além de Netuno não tenha sido descoberto.

Com a leitura daquela carta, meu debate público sobre o horror de Vermont terminou definitivamente. Os argumentos dos oponentes permaneceram sem resposta ou adiados com promessas, e, eventualmente, a controvérsia, caíram no esquecimento. Durante o final de maio e junho, mantive correspondência constante com Akeley; embora de vez em quando

---

12   Tsathoggua é uma entidade sobrenatural no universo do escritor americano Clark Ashton Smith.

13   R'lyeh é uma cidade-ilha fictícia criada por Lovecraft.

14   Nyarlathotep é uma divindade maligna no universo fictício de Lovecraft.

15   *Azathoth* é o início de um romance incompleto por Lovecraft.

16   Hastur é uma entidade do Cosmos imaginário criado por Lovecraft.

17   Os Yian-Ho eram uma antiga raça de criaturas criadas por Lovecraft.

18   Planalto de Leng é uma dimensão alternativa acessível apenas durante o sono, criada por Lovecraft.

19   O Lago de Hali é um lago-nuvem criado por Lovecraft.

20   Bethmoora é uma cidade lendária em uma história homônima de Lord Dunsany, o autor favorito de Lovecraft.

21   Símbolo Amarelo é um culto maligno que tinha o signo amarelo como seu próprio emblema e o núcleo central da sua ideologia. Eles são um dos muitos grupos antagônicos apresentados nos Mitos de Cthulhu, por Lovecraft.

22   L'mur-Kathulos, Bran, e o Magnum Innominandum são criaturas criadas por Lovecraft.

uma carta fosse perdida, de modo que tínhamos que refazer nosso caminho e realizar cópias consideravelmente laboriosas. O que estávamos tentando fazer, como um todo, era comparar notas em questões de erudição mitológica obscura e chegar a uma correlação mais clara dos horrores de Vermont com o corpo geral de lendas do mundo primitivo.

Por um lado, decidimos virtualmente que essas morbidades e o infernal *Mi-Go* himalaio eram uma e a mesma ordem de pesadelo encarnado. Havia também conjecturas zoológicas absorventes, que eu teria referido ao professor Dexter em minha própria faculdade, não fosse a ordem imperativa de Akeley de não contar a ninguém sobre o assunto que tínhamos diante de nós. Se pareço desobedecer a essa ordem agora, é apenas porque acho que, neste estágio, um aviso sobre as colinas mais distantes de Vermont — e sobre os picos do Himalaia, que exploradores ousados estão cada vez mais determinados a subir — é mais propício à segurança pública do que seria o silêncio. Uma tarefa específica que estávamos levando era a decifração dos hieróglifos naquela infame pedra negra — uma decifração que poderia muito bem nos colocar na posse de segredos mais profundos e vertiginosos do que qualquer outro conhecido pelo homem.

No final de junho, chegou o disco fonográfico — enviado de Brattleboro, já que Akeley não estava disposto a confiar nas condições do ramal ao norte ferroviário dali. Começara a sentir uma crescente sensação de espionagem, agravada pela perda de algumas de nossas cartas; e falou muito sobre os feitos insidiosos de certos homens que ele considerava instrumentos e agentes dos seres ocultos. Acima de tudo, ele suspeitava do agricultor mal-humorado Walter Brown, que vivia sozinho em uma encosta decadente perto da floresta profunda e que era frequentemente visto vagando pelas esquinas em Brattleboro, Bellows Falls, Newfane e South Londonderry, em circunstâncias inexplicáveis e sem motivo aparente. A voz de Brown — ele estava convencido — era uma daquelas que ele ouvira em certa ocasião em uma conversa muito terrível; e ele uma vez encontrou uma pegada ou marca de garra perto da casa de Brown, que poderia ter o significado mais sinistro. Fora encontrada curiosamente perto de algumas pegadas do próprio Brown — pegadas que estavam frente a frente.

Assim, o disco foi enviado de Brattleboro, para onde Akeley dirigiu seu Ford pelas solitárias estradas secundárias de Vermont. Ele confessou em uma nota anexa que estava começando a ter medo daquelas estradas, e que ele não iria nem mesmo a Townshend buscar suprimentos agora, exceto em plena luz do dia. Não valia a pena, repetia várias vezes, saber demais, a menos que se estivesse muito longe daquelas colinas silenciosas e problemáticas. Em breve iria para a Califórnia para viver com o filho, embora fosse difícil deixar um lugar onde se concentravam todas as memórias e sentimentos ancestrais.

Antes de escutar a gravação na máquina comercial que peguei emprestado do prédio da administração da faculdade, examinei cuidadosamente todo o assunto explicativo nas várias cartas de Akeley. Esse registro, ele disse, foi obtido por volta de 1 da manhã do dia 1º de maio de 1915, perto da entrada bloqueada de uma caverna onde a encosta arborizada oeste da Montanha Sombria se eleva do pântano de Lee. O lugar sempre fora invulgarmente infestado de vozes estranhas, sendo essa a razão pela qual ele havia levado o fonógrafo, o gravador de voz e o disco virgem, na expectativa de resultados. A experiência anterior lhe dissera que a Noite de Walpurgis[23], celebrada na passagem do dia 30 de abril para o 1º de maio — a horrenda noite do Sabá da lenda oculta europeia —, provavelmente seria mais frutífera do que qualquer outra data, e ele não ficou desapontado. Era digno de nota, porém, que ele nunca mais ouviu vozes naquele local em particular.

Ao contrário da maioria das vozes da floresta ouvidas por acaso, a substância do registro era quase ritualística e incluía uma nítida voz humana que Akeley nunca conseguira identificar. Não era de Brown, mas parecia ser de um homem de maior cultura. A segunda voz, no entanto, era o verdadeiro ponto crucial da coisa — pois esta era o zumbido amaldiçoado que não tinha semelhança com a humanidade, apesar das palavras humanas que pronunciava em boa gramática inglesa e sotaque erudito.

O fonógrafo de gravação e o ditafone não funcionaram uniformemente bem e, é claro, estavam em grande desvantagem devido à natureza remota e abafada do ritual ouvido, de modo que o discurso real garantido era muito fragmentado. Akeley havia me dado uma transcrição do que ele acreditava que fossem as palavras ditas, e eu olhei novamente enquanto preparava a máquina para a ação. O texto era sombriamente misterioso, em vez de abertamente horrível, embora o conhecimento de sua origem e a maneira de reunir lhe desse todo o horror associativo que qualquer palavra poderia possuir. Vou apresentá-lo aqui na íntegra, conforme me lembro — e estou bastante confiante de que o sei corretamente de cor, não apenas lendo a transcrição, mas tocando o próprio disco repetidamente. Não é uma coisa que se possa esquecer facilmente!

---

23   A Noite de Walpurgis é uma festa tradicional cujas origens remontam em parte ao paganismo.

(Sons indistinguíveis)

(Uma Voz Humana Masculina Culta)

...é o Senhor da Floresta, mesmo para... e os dons dos homens de Leng... então dos poços da noite aos abismos do espaço, e dos abismos do espaço aos poços da noite, sempre os louvores do Grande Cthulhu, de Tsathoggua, e daquele que não deve ser nomeado. Sempre Seus louvores e abundância ao Bode Negro dos Bosques. Ia! Shub-Niggurath[24]! *O Bode Com Mil Filhotes!*

(Uma Imitação da Fala Humana)

Ia! Shub-Niggurath! O Bode Negro da Floresta com Mil Filhotes!

(Voz Humana)

E aconteceu que o Senhor dos Bosques, sendo... sete e nove, descendo os degraus de ônix... (tribu) a Ele no Golfo, Azathoth, Aquele de Quem Tu nos ensinaste maravilhas ... nas asas da noite além do espaço, além do... para Aquele de quem Yuggoth é o filho mais novo, rolando sozinho em éter negro na borda...

(Voz em Zumbido)

...saia entre os homens e encontre os seus caminhos, para que Ele no Golfo possa saber. A Nyarlathotep, Poderoso Mensageiro, todas as coisas devem ser contadas. E Ele colocará a aparência de homens, a máscara de cera e o manto que esconde, e descerá do mundo dos Sete Sóis para zombar...

(Voz Humana)

Nyarlathotep, Grande Mensageiro, portador de estranha alegria para Yuggoth através do vazio, Pai dos Milhões de Favorecidos, Perseguidor entre...

(Fala cortada ao final do registro)

Essas foram as palavras que eu ouvi quando liguei o fonógrafo. Foi com um traço de medo e relutância genuínos que apertei a alavanca e ouvi o arranhar preliminar da ponta de safira, e fiquei feliz que as primeiras palavras fracas e fragmentadas fossem em uma voz humana — uma voz suave e educada, que parecia vagamente com o sotaque de Boston e que certamente não era o de nenhum nativo das colinas de Vermont. Enquanto ouvia a interpretação tentadoramente fraca, parecia que o discurso era idêntico à transcrição cuidadosamente preparada de Akeley. Nela cantava, com aquela voz suave de Boston... *"Ia! Shub-Niggurath! O Bode Com Mil filhotes!..."*

E então ouvi a outra voz. Ainda estremeço quando penso em como isso me atingiu, apesar de estar preparado pelos relatos de Akeley. Aqueles a

---

24   Shub-Niggurath é uma divindade fictícia criada por Lovecraft.

quem descrevi o registro declaram não encontrar nele nada além de impostura barata ou loucura; mas se eles pudessem ouvir a coisa maldita em si, ou ler a maior parte da correspondência de Akeley (especialmente aquela terrível e enciclopédica segunda carta), eu sei que eles pensariam diferente. Afinal, é uma tremenda pena que eu não tenha desobedecido Akeley e tocado o disco para os outros — uma tremenda pena, também, que todas as suas cartas foram perdidas. Para mim, com minha impressão em primeira mão dos sons reais e com meu conhecimento do fundo e das circunstâncias ao redor, a voz era uma coisa monstruosa. Ele rapidamente seguiu a voz humana em resposta ritualística, mas na minha imaginação era um eco mórbido voando através de abismos e infernos interiores inimagináveis. Já se passaram mais de dois anos desde a última vez que fugi daquele cilindro de cera blasfemo; mas neste momento, e em todos os outros momentos, ainda posso ouvir aquele zumbido fraco e diabólico quando me alcançou pela primeira vez.

"Ia! Shub-Niggurath! O Bode Negro da Floresta com Mil Filhotes!"

Mas embora a voz esteja sempre em meus ouvidos, ainda não consegui analisá-la o suficiente para uma descrição gráfica. Era como o zumbido de algum inseto gigante e repugnante, pesadamente moldado na fala articulada de uma espécie alienígena, e estou perfeitamente certo de que os órgãos que o produzem não podem ter nenhuma semelhança com os órgãos vocais do homem, ou mesmo com os de qualquer um dos outros mamíferos. Havia singularidades no timbre, alcance e tons que colocavam esse fenômeno totalmente fora da esfera da humanidade e da vida terrena. Seu advento súbito naquela primeira vez quase me surpreendeu, e eu ouvi o resto do disco em uma espécie de torpor abstrato. Quando a passagem mais longa do zumbido veio, houve uma forte intensificação daquela sensação de infinito blasfemo que me atingiu durante a passagem mais curta e anterior. Por fim, o disco terminou abruptamente, durante um discurso inusitadamente claro da voz humana e com sotaque de Boston; mas fiquei sentado olhando estupefato muito depois de a máquina ter parado automaticamente.

Nem preciso dizer que ouvi muitas outras vezes àquele disco chocante e que fiz exaustivas tentativas de análise e de comentários comparando notas com Akeley. Seria inútil e perturbador repetir aqui tudo o que concluímos; mas posso sugerir que concordamos em acreditar que tínhamos conseguido uma pista para a fonte de alguns dos costumes primordiais mais repulsivos das antigas religiões enigmáticas da humanidade. Parecia claro para nós, também, que havia alianças antigas e elaboradas entre as criaturas exteriores ocultas e certos membros da raça humana. Quão extensas eram essas alianças e como seu estado hoje pode se comparar com seu estado em épocas anteriores, não tínhamos como adivinhar; no entanto, na melhor das hipóteses, havia espaço para uma quantidade ilimitada de especulações horrorizadas. Parecia haver uma terrível ligação imorial em vários estágios definidos entre o homem e o infinito sem nome. As blasfêmias que apareceram na Terra, foi sugerido, vieram do planeta escuro Yuggoth, na borda do sistema solar; mas este era apenas o posto avançado populoso de uma raça interestelar assustadora cuja fonte última deve estar muito além do contínuo espaço-tempo de Einstein ou do maior Cosmos conhecido.

Enquanto isso, continuamos a discutir a pedra negra e a melhor maneira de levá-la a Arkham — Akeley julgou desaconselhável que eu o visitasse no local de seus estudos de pesadelo. Por uma razão ou outra, Akeley estava com medo de confiar a coisa a qualquer rota de transporte comum ou esperada. Sua ideia final era levá-la através do país até Bellows Falls e despachá-la por um trem da Ferrovia de Boston e Maine que passaria por Keene e Winchendon e depois Fitchburg, mesmo que isso o obrigasse a dirigir por estradas montanhosas um pouco mais solitárias e que atravessam mais florestas do que a estrada principal para Brattleboro. Ele disse que notou um homem perto do escritório expresso em Brattleboro quando enviou o registro fonográfico cujas ações e expressão estavam longe de ser tranquilizadoras. Esse homem parecia ansioso demais para falar com os funcionários, e tinha tomado o trem em que o disco foi enviado. Akeley confessou que não se sentira totalmente à vontade com relação ao disco até ouvir de mim que eu o recebera em segurança.

Por volta dessa época — na segunda semana de julho —, outra carta minha se extraviou, conforme soube por meio de uma comunicação ansiosa de Akeley. Depois disso, ele me disse para não me dirigir mais a ele em Townshend, mas para enviar toda a correspondência aos cuidados da Entrega Geral em Brattleboro, para onde ele faria viagens frequentes em seu carro ou na linha de ônibus, que acabara substituindo o serviço de passageiros pelo ramal ferroviário. Eu podia ver que ele estava ficando cada vez mais ansioso, pois ele entrou em muitos detalhes sobre o latido crescente dos cães em noites sem lua e sobre as marcas de garras que ele às vezes encontrava na estrada e na lama na parte de trás do seu curral quando amanhecia. Uma vez ele falou sobre um verdadeiro exército de gravuras traçadas em uma linha de frente para uma linha igualmente grossa e resoluta de pegadas de cachorro, e enviou uma foto perturbadora para provar isso. Isso foi depois de uma noite em que os cães se superaram em latidos e uivos.

Na manhã de quarta-feira, 18 de julho, recebi um telegrama de Bellows Falls, no qual Akeley dizia que estava enviando a pedra preta pela B. & M. no trem nº 5508, saindo de Bellows Falls às 12h15, horário padrão, e devia chegar à Estação Norte em Boston às 16h12. Deveria, calculei, chegar a Arkham pelo menos ao meio-dia seguinte; e, portanto, fiquei a manhã toda de quinta-feira esperando recebê-la. Mas o meio-dia chegou e passou sem o seu advento e, quando telefonei para o correio expresso, fui informado de que não havia chegado nenhum carregamento para mim. Meu próximo ato, realizado em meio a um alarme crescente, foi fazer uma ligação interurbana para o agente expresso da Estação Norte de Boston; e não fiquei surpreso ao saber que minha remessa não havia aparecido. O trem nº 5508 havia parado 35 minutos atrasado no dia anterior, mas não continha nenhuma caixa endereçada a mim. O agente prometeu, no entanto, instaurar um inquérito minucioso; e terminei o dia enviando a Akeley uma carta noturna descrevendo a situação.

Com louvável presteza, chegou um relatório do escritório de Boston na tarde seguinte, com o agente me telefonando assim que soube dos fatos. Parecia que o funcionário do expresso da estrada de ferro no nº 5508 havia conseguido se lembrar de um incidente que poderia ter muito a ver com minha perda — uma discussão com um homem de voz muito curiosa, magro, arenoso e de aparência rústica, quando o trem estava esperando em Keene, Nova Hampshire, pouco depois de uma hora do horário padrão. O homem, disse ele, estava muito animado com uma caixa pesada que ele dizia esperar, mas que não estava no trem nem entrou nos livros da empresa. Ele tinha dado o nome de Stanley Adams, e tinha uma voz monótona tão estranhamente grossa que deixou o funcionário anormalmente tonto e sonolento ao ouvi-la. O funcionário não conseguia se lembrar bem de como a conversa havia terminado, mas lembrou-se de ter começado a despertar mais plenamente quando o trem começou a se mover. O agente de Boston acrescentou que esse funcionário era um jovem de veracidade e confiabilidade totalmente inquestionáveis, de antecedentes conhecidos e de longa data na empresa.

Naquela noite, fui a Boston para entrevistar o funcionário pessoalmente, tendo obtido seu nome e endereço no escritório. Ele era um sujeito franco e atraente, mas vi que não podia acrescentar nada ao seu relato original. Estranhamente, ele mal tinha certeza de que poderia reconhecer o estranho inquiridor novamente. Percebendo que ele não tinha mais nada para contar, voltei para Arkham e fiquei até de manhã escrevendo cartas para Akeley, para a companhia expressa e para o departamento de polícia e o agente da delegacia em Keene. Senti que o homem de voz esquisita que havia afetado de maneira tão estranha o funcionário devia ter um lugar central no negócio sinistro, e esperava que os funcionários da estação Keene e os registros do telégrafo pudessem dizer algo sobre ele e sobre como ele fez sua pergunta, além de quando e onde a fez.

Devo admitir, no entanto, que todas as minhas investigações não deram em nada. O homem de voz esquisita havia de fato sido notado em torno da estação de Keene no início da tarde de 18 de julho, e um desocupado parecia se lembrar vagamente de vê-lo levando uma caixa pesada; mas ele era totalmente desconhecido e não tinha sido visto antes ou depois. Ele não havia visitado o escritório do telégrafo ou recebido qualquer mensagem, até onde pudesse saber, nem qualquer mensagem que pudesse ser considerada um aviso da presença da pedra preta no número 5508. Naturalmente, Akeley juntou-se a mim na condução dessas investigações e até fez uma viagem pessoal a Keene para interrogar as pessoas ao redor da estação; mas sua atitude em relação ao assunto foi mais fatalista do que a minha. Ele parecia achar a perda da caixa um poderoso e ameaçador presságio de tendências inevitáveis, e não tinha nenhuma esperança real de sua recuperação. Ele falou dos indubitáveis poderes telepáticos e hipnóticos das criaturas das colinas e seus agentes, e em uma carta insinuou que não acreditava mais que a pedra estivesse nesta Terra. De minha parte, fiquei devidamente enfurecido, pois senti que havia pelo menos uma chance de aprender coisas profundas e surpreendentes com os antigos hieróglifos borrados. O assunto teria me irritado amargamente se as cartas imediatamente subsequentes de Akeley não trouxessem à tona uma nova fase de todo o horrível problema das colinas que imediatamente prendeu toda a minha atenção.

IV.

As coisas desconhecidas, segundo escreveu Akeley em um roteiro lamentavelmente trêmulo, começaram a se aproximar dele com um grau totalmente novo de determinação. O latido noturno dos cães sempre que a lua estava escura ou ausente era horrível agora, e houve tentativas de atacá-lo nas estradas solitárias que ele tinha que atravessar durante o dia. No dia 2 de agosto, enquanto se dirigia para a aldeia em seu carro, ele encontrou um tronco de árvore colocado em seu caminho em um ponto onde a estrada passava por um bosque profundo, enquanto o latido selvagem dos dois grandes cães que trazia com ele falava muito bem das coisas que deviam estar à espreita por perto. O que teria acontecido se os cães não estivessem lá, ele não ousava adivinhar — mas ele nunca saía agora sem pelo menos dois de sua fiel e poderosa matilha. Outras experiências semelhantes na estrada ocorreram em 5 e 6 de agosto; uma vez, um tiro atingiu de raspão seu carro, e, em outra ocasião, o latido dos cachorros indicava a presença de coisas profanas na floresta.

Em 15 de agosto, recebi uma carta frenética que me perturbou muito e que me fez desejar que Akeley pudesse deixar de lado sua reticência solitária e pedir a ajuda da lei. Houve acontecimentos assustadores na madrugada dos dias 12 e 13, balas voando do lado de fora da fazenda e três dos doze grandes cães sendo encontrados mortos a tiros pela manhã. Havia miríades de pegadas na estrada, com as pegadas humanas de Walter Brown entre elas. Akeley tinha começado a telefonar para Brattleboro pedindo mais cachorros, mas o fio ficou mudo antes que ele tivesse a chance de dizer alguma coisa. Mais tarde, ele foi para Brattleboro em seu carro, e lá soube que os trabalhadores haviam cortado o cabo principal no ponto em que corria pelas colinas desertas ao norte de Newfane. Mas ele estava prestes a voltar para casa com quatro belos cães novos e várias caixas de munição para seu rifle de repetição de caça. A carta foi escrita no correio de Brattleboro e chegou a mim sem demora.

A essa altura, minha atitude em relação ao assunto estava rapidamente passando de científica para alarmantemente pessoal. Eu estava com medo por Akeley em sua remota e solitária casa de fazenda, e com receio por mim mesmo, por causa de minha conexão agora definitiva com o estranho problema da colina. A coisa estava se aproximando. Isso me sugaria e me engoliria? Ao responder à sua carta, exortei-o a procurar ajuda e insinuei que eu mesmo poderia agir se ele não o fizesse. Falei em visitar Vermont pessoalmente, apesar de sua vontade, e em ajudá-lo a explicar a situação às autoridades competentes. Em troca, porém, recebi apenas um telegrama de Bellows Falls que dizia assim:

AGRADEÇO SUA POSIÇÃO, MAS VOCÊ NADA PODE FAZER. NÃO FAÇA NADA, POIS ISSO SÓ PODE PREJUDICAR A AMBOS. AGUARDE EXPLICAÇÃO, HENRY AKELY.

Mas o caso foi se aprofundando cada vez mais. Ao responder ao telegrama, recebi um bilhete trêmulo de Akeley com a espantosa notícia de que ele não apenas nunca havia enviado o telegrama, como também não havia recebido a minha carta à qual ele era uma resposta óbvia. Perguntas apressadas feitas por ele em Bellows Falls haviam revelado que a mensagem fora depositada por um estranho homem ruivo com uma voz curiosamente grossa e monótona, embora mais do que isso ele não pudesse saber. O funcionário mostrou-lhe o texto original rabiscado a lápis pelo remetente, mas a caligrafia era totalmente desconhecida. Era perceptível que a assinatura estava incorreta — AKELY, sem o segundo "E". Certas conjecturas eram inevitáveis, mas em meio à crise óbvia, ele não parou para elaborá-las.

Falou da morte de mais cães e da compra de outros ainda, e da troca de tiros que se tornara uma característica comum a cada noite sem lua. As pegadas de Brown e as pegadas de pelo menos mais uma ou duas figuras humanas calçadas eram agora encontradas regularmente entre as pegadas de garras na estrada e nos fundos do curral. Era, Akeley admitiu, um negócio muito ruim; e em pouco tempo ele provavelmente teria que ir morar com seu filho na Califórnia, quer pudesse ou não vender a velha casa. Mas não era fácil deixar o único lugar que ele realmente considerava como seu lar. Talvez devesse tentar esperar um pouco mais; talvez ele pudesse assustar os intrusos — especialmente se ele desistisse abertamente de todas as tentativas posteriores de penetrar em seus segredos.

Escrevendo imediatamente para Akeley, renovei minhas ofertas de ajuda e falei novamente em visitá-lo e ajudá-lo a convencer as autoridades de seu terrível perigo. Em sua resposta, ele parecia menos contra esse plano do que sua atitude anterior teria levado a prever, mas disse que gostaria de adiar um pouco mais — tempo suficiente para colocar suas coisas em ordem e se reconciliar com a ideia de ir embora e deixar seu local de nascimento quase morbidamente querido. As pessoas olhavam de soslaio para seus estudos e especulações, e seria melhor sair tranquilamente, sem colocar o campo em turbulência e criar dúvidas generalizadas sobre sua própria sanidade. Ele admitiu já estar exausto, mas queria ter uma saída digna, se pudesse.

Essa carta chegou a mim no dia 28 de agosto, e eu preparei e enviei uma resposta tão encorajadora quanto pude. Aparentemente, o incentivo surtiu efeito, pois Akeley teve menos terrores a relatar quando reconheceu meu bilhete. Ele não estava muito otimista, porém expressou a crença de que era apenas a estação da lua cheia que estava segurando as criaturas. Ele esperava que não houvesse muitas noites densamente nubladas e falou vagamente sobre embarcar em Brattleboro quando a lua minguasse. Novamente escrevi para ele encorajando, mas em 5 de setembro chegou uma nova mensagem, que obviamente havia cruzado minha carta nos correios; e a isso eu não poderia dar uma resposta tão esperançosa. Em vista de sua importância, acredito que seria melhor descrevê-la na íntegra — o melhor que posso fazer de memória da escrita trêmula.

Segunda-feira
Prezado Wilmarth,
Uma nota bastante desanimadora à minha última carta. A noite passada estava densamente nublada — embora sem chuva — e nem um pouco de luar. As coisas estavam muito ruins, e acho que o fim está se aproximando, apesar de tudo o que esperávamos. Depois da meia--noite, algo pousou no telhado da casa, e todos os cães correram para ver o que era. Eu podia ouvi-los estalando e rasgando ao redor, e então um conseguiu subir no telhado pulando do monte baixo. Houve uma briga terrível lá em cima, e ouvi um zumbido assustador que nunca vou esquecer. E então senti um cheiro chocante. Mais ou menos ao mesmo tempo, balas entraram pela janela e quase me atingiram de raspão. Acho que a fila principal das criaturas da colina se aproximou da casa quando os cães se dividiram por causa do tumulto do telhado. O que estava lá em cima eu ainda não sei, mas eu receio que as criaturas estejam aprendendo a voar melhor com suas asas espaciais. Apaguei a luz e usei as janelas como brechas, e disparei em todas as direções, com rifle apontando alto apenas o suficiente para não atingir os cães. Isso pareceu acabar com o tumulto, mas pela manhã encontrei grandes poças de sangue no quintal, além de poças de uma coisa verde pegajosa que tinha o pior odor que já senti. Subi no telhado e encontrei mais coisas pegajosas lá. Cinco dos cães foram mortos — temo que eu mesmo acertei um por mirar muito baixo, pois ele foi baleado nas costas. Agora estou arrumando as vidraças que os tiros quebraram e vou para Brattleboro pegar mais ca-chorros. Acho que os homens dos canis pensam que sou louco. Escrevo outra nota depois. Acredito que estarei pronto para me mudar em uma ou duas semanas, embora quase me mate ao pensar nisso.
Apressadamente — Akeley

Mas essa não foi a única carta de Akeley que cruzou a minha. Na manhã seguinte — 6 de setembro —, veio outra; dessa vez um rabisco frenético que me enervou completamente e me deixou sem saber o que dizer ou fazer a se-guir. Mais uma vez, não posso fazer melhor do que citar o texto tão fielmente quanto a memória me permite.

Terça-feira

As nuvens não se romperam, então nada de lua de novo — e de qualquer forma entrando na fase minguante. Eu mandaria fiar a casa para a eletricidade e colocaria um holofote se não soubesse que eles cortariam os cabos tão rápido quanto pudessem ser consertados.

Acho que estou ficando louco. Pode ser que tudo o que já escrevi para você seja um sonho ou uma loucura. Foi ruim o suficiente antes, mas desta vez é demais. Eles conversaram comigo ontem à noite — falaram com aquela voz amaldiçoada e me disseram coisas que não ouso repetir para você. Eu os ouvi claramente acima do latido dos cães, e uma vez, quando eles foram abafados, uma voz humana os ajudou. Fique fora disso, Wilmarth — é pior do que você ou eu alguma vez suspeitamos. Eles não querem me deixar ir para a Califórnia agora — eles querem me levar vivo, ou o que teoricamente e mentalmente significa vivo — não apenas para Yuggoth, mas além disso — fora da galáxia e possivelmente além da última borda curva do espaço. Eu disse a eles que não iria para onde eles desejam, ou da maneira terrível como eles se propõem a me levar, mas temo que não vá adiantar. Minha casa é tão longe que em breve eles poderão vir tanto de dia quanto de noite. Mais seis cães morreram, e senti presenças ao longo das partes arborizadas da estrada quando dirigi para Brattleboro hoje. Foi um erro eu tentar enviar-lhe aquele disco fonográfico e a pedra preta. Melhor quebrar o disco antes que seja tarde demais. Vou lhe mandar outra nota amanhã, se eu ainda estiver aqui. Gostaria de poder mandar meus livros e coisas para Brattleboro e me hospedar lá. Eu fugiria sem nada se pudesse, mas algo dentro da minha mente me impede. Posso escapar para Brattleboro, onde deveria estar seguro, mas me sinto tão prisioneiro lá quanto em casa. E pareço saber que não conseguiria ir muito mais longe, mesmo que largasse tudo e tentasse. É horrível — não se envolva nisso.

Atenciosamente — Akeley

Não dormi a noite inteira depois de receber essa carta terrível e fiquei totalmente perplexo quanto ao grau de sanidade remanescente de Akeley. A substância da carta era totalmente insana, mas a maneira de expressão — em vista de tudo o que havia acontecido antes — tinha uma qualidade sombriamente potente de convencimento. Não fiz nenhuma tentativa de responder, achando melhor esperar até que Akeley tivesse tempo de responder à minha última comunicação. Tal resposta de fato veio no dia seguinte, embora o material novo nele ofuscasse quaisquer dos pontos trazidos pela carta nominalmente respondida. Aqui está o que me lembro do texto, rabiscado e borrado como estava no decorrer de uma composição claramente frenética e apressada.

Quarta-feira

W-

Chegou sua carta, mas não adianta discutir mais nada. Estou totalmente resignado. Me pergunto se eu ainda tenho força de vontade suficiente para combatê-los. Não poderia escapar mesmo se estivesse disposto a desistir de tudo e fugir. Eles vão me pegar.

Recebi uma carta deles ontem — o homem do RFD[25] trouxe enquanto eu estava em Brattleboro. Datilografado e carimbado Bellows Falls. Diz o que eles querem fazer comigo — não posso repetir. Cuide de você também! Quebre esse disco. As noites nubladas continuam, e a lua mingua o tempo todo. Gostaria de me atrever a pedir ajuda — isso poderia fortalecer minha força de vontade —, mas todos que se atrevessem a vir me chamariam de louco, a menos que houvesse alguma prova. Não poderia pedir às pessoas para virem sem motivo algum — estou fora de contato com todo mundo há anos.

Mas não lhe contei o pior, Wilmarth. Prepare-se para ler isso, pois isso lhe deixará chocado. Estou dizendo a verdade, no entanto. É isso: eu vi e toquei uma das coisas, ou parte de uma das coisas. Deus, homem, mas é horrível! Estava morto, claro. Um dos cães o matou, e encontrei-o perto do canil esta manhã. Tentei salvá-lo no galpão para convencer as pessoas da coisa toda, mas tudo evaporou em poucas horas. Nada restou. Você sabe, todas essas coisas nos rios foram vistas apenas na primeira manhã após o dilúvio. E aqui está o pior. Tentei fotografá-lo para você, mas quando revelei o filme, não havia nada visível, exceto o galpão de madeira. Do que a coisa pode ter sido feita? Eu vi e senti, e todos eles deixam pegadas. Certamente era feito de matéria — mas que tipo de matéria? A forma não pode ser descrita. Era um grande caranguejo, com muitos anéis carnudos em pirâmide ou nós de um material grosso e viscoso, cobertos com antenas onde a cabeça de um homem estaria. Essa coisa verde e pegajosa é seu sangue ou suco. E há mais deles chegando à Terra a qualquer minuto.

Walter Brown está desaparecido — não foi visto vagando por nenhum de seus cantos habituais nas aldeias por aqui. Devo tê-lo acertado com

---

um dos meus tiros, embora as criaturas sempre pareçam tentar levar seus mortos e feridos.

Cheguei à cidade esta tarde sem nenhum problema, mas temo que eles estejam começando a adiar porque estão seguros de mim. Estou escrevendo isso do correio de Brattleboro. Isso pode ser um adeus — se for, escreva para meu filho George Goodenough Akeley, 176 Pleasant St., San Diego, Califórnia, mas não venha aqui. Escreva para o garoto se não tiver notícias minhas em uma semana e fique de olho nos jornais para saber das notícias.

Vou dar minhas duas últimas cartadas agora, se ainda me restar força de vontade. Primeiro, vou tentar usar gás venenoso nas coisas (tenho os produtos químicos certos e máscaras para mim e para os cães), e depois, se isso não funcionar, diga ao xerife. Eles podem me trancar em um hospício se quiserem, será melhor do que as outras criaturas fariam. Talvez eu possa fazer com que prestem atenção nas impressões digitais ao redor da casa — elas são fracas, mas posso encontrá-las todas as manhãs. Suponha, porém, que a polícia diga que eu as falsifiquei de alguma forma; pois todos eles pensam que eu sou uma pessoa estranha.

Vou tentar fazer com que um policial estadual passe uma noite aqui e veja por si mesmo, embora seja bem típico das criaturas saber sobre isso e adiar aquela noite. Eles cortam meus fios sempre que tento telefonar à noite — os homens da companhia telefônica acham isso muito esquisito e podem testemunhar em meu favor, se eles não imaginarem que eu mesmo os cortei. Já faz cerca de uma semana que não tenho pedido para consertar os fios.

Eu poderia fazer com que algumas pessoas ignorantes testemunhassem para mim sobre a realidade dos horrores, mas todos riem do que eles dizem e, de qualquer forma, eles evitam minha casa há tanto tempo que não sabem de nenhum dos novos eventos. Você não conseguiria que um daqueles fazendeiros decadentes ficasse a menos de um quilômetro da minha casa por amor ou dinheiro. O carteiro ouve o que eles dizem e brinca comigo — Deus! Se eu ousasse dizer a ele como isso é real! Acho que vou tentar fazer com que ele perceba as impressões digitais, mas ele vem à tarde e geralmente já estão quase acabando a essa hora. Se tentasse preservá-las colocando uma caixa ou panela sobre uma delas, ele certamente pensaria que era uma farsa ou uma piada.

Gostaria de não ter chegado a ser tão eremita, porque as pessoas não aparecem mais como costumavam fazer. Eu nunca ousei mostrar a pedra preta ou as fotos, ou tocar aquele disco, para ninguém, exceto para as pes-

soas ignorantes. Os outros diriam que eu fingi todo o negócio e não fariam nada além de rir. Mas ainda posso tentar mostrar as fotos. Elas mostram essas marcas de garras claramente, mesmo que as coisas que as fizeram não possam ser fotografadas. Que pena que ninguém mais viu aquela coisa esta manhã antes de ela desaparecer!

Mas eu não sei como eu me importo. Depois do que passei, um hospício é um lugar tão bom quanto qualquer outro. Os médicos podem me ajudar a me decidir a sair desta casa, e isso é tudo o que me salvará.

Escreva para meu filho George se você não ouvir logo. Adeus, quebre esse disco e não se meta nisso.

Abraços — Akeley

Esta carta me mergulhou francamente no pior dos terrores. Eu não sabia o que dizer em resposta, mas escrevi algumas palavras incoerentes de conselho e encorajamento e as enviei por correio registrado. Lembro-me de ter pedido a Akeley que se mudasse imediatamente para Brattleboro e se colocasse sob a proteção das autoridades; acrescentando que eu iria àquela cidade com o disco fonográfico e ajudaria a convencer os tribunais de sua sanidade. Também era hora, acho que escrevi, de alarmar as pessoas em geral contra essa coisa em seu meio. Devo lembrar que, nesse momento de estresse, minha própria crença em tudo o que Akeley havia contado e afirmado estava virtualmente completa, embora eu achasse que seu fracasso em obter uma imagem do monstro morto não se devia a uma aberração da natureza, mas a algum excitado deslize de sua autoria.

V.

Então, aparentemente cruzando meu bilhete incoerente e chegando até mim no sábado à tarde, 8 de setembro, veio aquela carta curiosamente diferente e calmante, digitada em uma máquina nova; aquela estranha carta de confirmação e convite que deve ter marcado uma transição tão prodigiosa em todo o drama de pesadelo das colinas solitárias. Mais uma vez citarei de memória — procurando por razões especiais preservar o máximo possível do sabor do estilo. Tinha o carimbo postal de Bellows Falls, e a assinatura e o corpo da carta foram datilografados — como é frequente com iniciantes na digitação. O texto, porém, era maravilhosamente preciso para o trabalho de um novato; e concluí que Akeley deve ter usado uma máquina em algum período anterior — talvez na faculdade. Dizer que a carta me aliviou seria justo, no entanto, por baixo do meu alívio havia um substrato de inquietação. Se Akeley estivera são em seu terror, estaria agora são em sua libertação?

E as tais "melhores relações" que menciona... o que seriam? A coisa toda implicava uma inversão tão diametral da atitude anterior de Akeley! Mas aqui está a substância do texto, cuidadosamente transcrita de uma memória da qual me orgulho.

> *Townshend, Vermont,*
> *Quinta-feira, 6 de setembro de 1928.*
> *Meu caro Wilmarth,*
>
> *É um grande prazer poder deixá-lo tranquilo em relação a todas as bobagens que tenho escrito para você. Digo "bobagens", embora com isso refira-me mais à minha atitude assustada do que às minhas descrições de certos fenômenos. Esses fenômenos são reais e importantes o suficiente; meu erro foi estabelecer uma atitude anômala em relação a eles.*
>
> *Acho que mencionei que meus estranhos visitantes estavam começando a se comunicar comigo e a tentar tal comunicação. Ontem à noite essa troca de palavras tornou-se real. Em resposta a certos sinais, admiti na casa um mensageiro de fora — um companheiro humano, apresse-me a dizer. Ele me contou muitas coisas que nem você nem eu começamos a adivinhar, e mostrou claramente como havíamos julgado mal e interpretado mal o propósito dos Seres Exteriores em manter sua colônia secreta neste planeta.*
>
> *Parece que as lendas malignas sobre o que eles ofereceram aos homens e o que eles desejam em relação à Terra são o resultado de um equívoco ignorante da fala alegórica — fala, é claro, moldada por origens culturais e hábitos de pensamento amplamente diferente de tudo que sonhamos. Minhas próprias conjecturas, admito livremente, ultrapassaram o alvo tão amplamente quanto qualquer uma das suposições de fazendeiros analfabetos e indígenas selvagens. O que eu achava mórbido, vergonhoso e ignominioso é, na realidade, impressionante, expansivo e até glorioso — minha estimativa anterior era apenas uma fase da eterna tendência do homem a odiar, temer e recuar diante do totalmente diferente.*
>
> *Agora lamento o mal que infligi a esses seres alienígenas e incríveis no curso de nossas escaramuças noturnas. Se ao menos eu tivesse consentido em conversar com eles de forma pacífica e razoável em primeiro lugar! Mas eles não me guardam rancor, suas emoções são organizadas de forma muito diferente das nossas. É sua infelicidade ter tido como seus agentes humanos*

em Vermont alguns espécimes muito inferiores — o falecido Walter Brown, por exemplo. Brown foi muito responsável pelos medos que eu nutria em relação a eles. Na verdade, eles nunca prejudicaram conscientemente os homens, mas muitas vezes foram cruelmente injustiçados e espionados por nossa espécie. Existe todo um culto secreto de homens maus (um homem de sua erudição mística me entenderá quando eu os ligar a Hastur e ao Símbolo Amarelo) dedicado ao propósito de localizá-los e feri-los em nome de poderes monstruosos de outras dimensões. É contra esses agressores — não contra a humanidade normal — que as precauções drásticas dos Seres Exteriores são dirigidas. Aliás, soube que muitas de nossas cartas perdidas foram roubadas não pelos Seres Exteriores, mas pelos emissários desse culto maligno.

Tudo o que os Seres Exteriores desejam ao homem é paz, e não incômodos e um crescente relacionamento intelectual. Este último é absolutamente necessário agora que nossas invenções e dispositivos estão expandindo nosso conhecimento e movimentos e tornando cada vez mais impossível que os postos avançados necessários dos Seres Exteriores existam secretamente neste planeta. Os seres alienígenas desejam conhecer a humanidade mais plenamente e que alguns dos líderes filosóficos e científicos da humanidade saibam mais sobre eles. Com tal troca de conhecimento, todos os perigos passarão e um modus vivendi satisfatório será estabelecido. A própria ideia de qualquer tentativa de escravizar ou degradar a humanidade é ridícula.

Como início desse relacionamento aprimorado, os Seres Exteriores naturalmente me escolheram — pois meu conhecimento sobre eles já é considerável — como seu principal intérprete na terra. Muito me foi dito ontem à noite — fatos da natureza mais estupenda e reveladora — e mais será posteriormente comunicado a mim tanto oralmente quanto por escrito. Ainda não serei chamado a fazer nenhuma viagem para fora, embora provavelmente deseje fazê-lo mais tarde — empregando meios especiais e transcendendo tudo o que até agora estamos acostumados a considerar como experiência humana. Minha casa não será mais sitiada. Tudo voltou ao normal e os cães não terão mais ocupação. No lugar do terror, recebi uma rica dádiva de conhecimento e aventura intelectual da qual poucos outros mortais já compartilharam.

Os Seres Exteriores são talvez as coisas orgânicas mais maravilhosas dentro ou além de todo o espaço e tempo — membros de uma raça que abrange todo o Cosmos, da qual todas as outras formas de vida são ape-

nas variantes degeneradas. Eles são mais vegetais do que animais, se esses termos podem ser aplicados ao tipo de matéria que os compõe, e têm uma estrutura semelhante aos fungos; embora a presença de uma substância semelhante à clorofila e um sistema nutritivo muito singular os diferencie completamente dos verdadeiros fungos cormofíticos. De fato, o tipo é composto de uma forma de matéria totalmente estranha à nossa parte do espaço — com elétrons tendo uma taxa de vibração totalmente diferente. É por isso que os seres não podem ser fotografados nos filmes e chapas de câmeras comuns de nosso universo conhecido, mesmo que nossos olhos possam vê-los. Com o devido conhecimento, no entanto, qualquer bom químico poderia fazer uma emulsão fotográfica que gravaria suas imagens.

O gênero é único em sua capacidade de atravessar o vazio interestelar sem calor e sem ar em plena forma corpórea, e algumas de suas variantes não podem fazer isso sem ajuda mecânica ou curiosas transposições cirúrgicas. Apenas algumas espécies têm as asas resistentes ao éter, características essas da variedade encontrada em Vermont. Aqueles que habitavam certos picos remotos no Velho Mundo foram trazidos de outras maneiras. Sua semelhança externa com a vida animal e com o tipo de estrutura que entendemos como material é uma questão de evolução paralela, e não de parentesco próximo. Sua capacidade cerebral excede a de qualquer outra forma de vida sobrevivente, embora os tipos alados de nossa região montanhosa não sejam de forma alguma os mais desenvolvidos. A telepatia é seu meio usual de discurso, embora tenham órgãos vocais rudimentares que, após uma ligeira operação (pois a cirurgia é uma coisa especializada e rotineira entre eles), podem reproduzir duplamente a fala destes tipos de organismo que ainda se utilizam de sons.

Sua principal morada imediata é um planeta ainda desconhecido e quase sem luz na borda do nosso sistema solar — além de Netuno, e o nono em distância do sol. É, como inferimos, o objeto misticamente sugerido como "Yuggoth" em certos escritos antigos e proibidos; e logo será o cenário de uma estranha focalização do pensamento em nosso mundo, em um esforço para facilitar o relacionamento mental. Eu não ficaria surpreso se os astrônomos se tornassem suficientemente sensíveis a essas correntes de pensamento para descobrir Yuggoth quando os Seres Exteriores assim o desejarem. Mas Yuggoth, é claro, é apenas o trampolim. O corpo principal dos seres habita abismos estranhamente organizados, totalmente além do alcance máximo de qualquer imaginação humana. O glóbulo espaço-tempo que reconhecemos como a totalidade de toda entidade cósmica é apenas um átomo no infinito genuíno que é deles. E tanto dessa infinidade quanto qualquer cérebro humano pode aprender está para ser finalmente aberto para mim, como foi para não mais de cinquenta outros homens desde que a raça humana existe.

Você provavelmente chamará isso de delírio no início, Wilmarth, mas com o tempo você apreciará a oportunidade titânica que encontrei. Eu quero que você compartilhe o máximo que for possível, e para isso preciso contar a você milhares de coisas que não vão para o papel. No passado, eu o avisei para não vir me ver. Agora que tudo está seguro, tenho prazer em rescindir esse aviso e convidá-lo.

Você não pode fazer uma viagem aqui antes do início do período da faculdade? Seria maravilhosamente delicioso se você pudesse. Traga o disco fonográfico e todas as minhas cartas para você como dados de consulta — vamos precisar deles para juntar toda a tremenda história. Você também pode trazer as fotos, já que pareço ter perdido os negativos e minhas próprias gravuras em toda essa agitação recente. Mas que riqueza de fatos eu tenho para acrescentar a todo esse material atrapalhado e provisório — e que dispositivo estupendo eu tenho para complementar esses acréscimos!

Não hesite — estou livre de espionagem agora, e você não encontrará nada antinatural ou perturbador. Apenas venha e deixe meu carro encontrá-lo na estação de Brattleboro —, prepare-se para ficar o máximo que puder e espere muitas noites de discussão sobre coisas além de qualquer conjectura humana. Não conte a ninguém sobre isso, é claro — pois esse assunto não deve chegar ao público vulgar.

O serviço de trem para Brattleboro não é ruim — você deve conseguir um horário em Boston. Pegue o trem para Greenfield e pegue o trem pelo restante do breve caminho. Sugiro que você embarque no de conveniente horário de 16h10 de Boston. Este chega a Greenfield às 19h35, e às 21h19 sai um trem que chega a Brattleboro às 22h01. Isso em dias úteis. Avise-me a data e terei meu carro à espera na estação.

Perdoe esta carta datilografada, mas minha caligrafia ficou trêmula ultimamente, como você sabe, e não me sinto à altura de longos trechos de escrita. Comprei ontem esta nova máquina Corona em Brattleboro — parece funcionar muito bem.

Aguardando notícias e esperando vê-lo em breve com o disco fonográfico e todas as minhas cartas — e as fotos.

Atenciosamente, Henry W. Akeley

PARA ALBERT N. WILMARTH, ESQ., UNIVERSIDADE MISKATONIC, ARKHAM, MASS.

A complexidade das minhas emoções ao ler, reler e ponderar sobre esta carta estranha e inesperada está além da descrição adequada. Eu disse que fiquei ao mesmo tempo aliviado e inquieto, mas isso expressa apenas grosseiramente as conotações de sentimentos diversos e amplamente subconscientes que compreendiam tanto o alívio quanto o desconforto. Para começar, a coisa estava tão em desacordo com toda a cadeia de horrores que a precedeu — a mudança de humor de terror absoluto para complacência fria e até mesmo exultação foi tão inesperada como um relâmpago! Eu mal podia acreditar que um único dia pudesse alterar tanto a perspectiva psicológica de alguém que havia escrito aquele último boletim frenético de quarta-feira, não importando as revelações de alívio que aquele dia pudesse ter trazido. Em certos momentos, uma sensação de irrealidade conflitante me fez pensar se todo esse drama de forças fantásticas, relatado à distância, não era uma espécie de sonho meio ilusório criado em grande parte pela minha própria mente. Então pensei no disco fonográfico e dei lugar a uma perplexidade ainda maior.

A carta parecia tão diferente de tudo o que se poderia esperar! Ao analisar minha impressão, vi que consistia em duas fases distintas. Em primeiro lugar, admitindo que Akeley tinha sido são antes e ainda era, a mudança indicada na situação em si foi tão rápida e impensável. E em segundo lugar, a mudança na maneira, atitude e linguagem de Akeley estava muito além do normal ou previsível. Toda a personalidade do homem parecia ter sofrido uma insidiosa mutação — uma mutação tão profunda que dificilmente se poderia conciliar seus dois aspectos com a suposição de que ambos representassem igual sanidade. Escolha de palavras, ortografia — tudo era sutilmente diferente. E com minha sensibilidade acadêmica ao estilo da prosa, pude traçar profundas divergências em suas reações e respostas rítmicas mais comuns. Certamente, o cataclismo ou revelação emocional que poderia produzir uma reviravolta tão radical deve ser realmente extremo! No entanto, de outra forma, a carta parecia bastante característica de Akeley. A mesma velha paixão pelo infinito — a mesma velha curiosidade acadêmica. Eu não poderia um momento — ou mais do que um momento — creditar a ideia de espúria ou substituição maligna. O convite — a vontade de que eu testasse pessoalmente a veracidade da carta — não provou sua autenticidade?

Não descansei no sábado à noite, mas sentei-me pensando nas sombras e maravilhas por trás da carta que recebera. Minha mente, dolorida pela rápida sucessão de concepções monstruosas que foi forçada a enfrentar durante os últimos quatro meses, trabalhou sobre esse novo material surpreendente em um ciclo de dúvida e aceitação que repetiu a maioria dos passos experimentados ao enfrentar as maravilhas anteriores; até muito antes do amanhecer, um interesse e uma curiosidade ardentes começaram a substituir a tempestade original de perplexidade e inquietação. Louco ou são, metamorfoseado ou simplesmente aliviado, as chances eram de que Akeley tivesse realmente encontrado alguma estupenda mudança de perspectiva em sua perigosa pesquisa; alguma mudança que ao mesmo tempo diminui seu perigo — real ou imaginário — e abre novas e vertiginosas perspectivas de conhecimento cósmico e sobre-humano. Meu próprio zelo pelo desconhecido explodiu ao encontrar o dele, e me senti tocado pelo contágio da quebra de barreira mórbida. Livrar-se das limitações enlouquecedoras e cansativas do tempo e do espaço e da lei natural — estar ligado ao vasto exterior — aproximar-se dos segredos noturnos e abismais do infinito e do supremo — certamente tal coisa valia o risco de uma vida, de uma alma e da sanidade! E Akeley disse que não havia mais perigo — ele me convidou para visitá-lo, em vez de me proibir de fazê-lo, como antes. Estremeci ao pensar no que ele poderia ter a me dizer agora — havia um fascínio quase paralisante no pensamento de sentar naquela casa de fazenda solitária e recentemente sitiada com um homem que havia conversado com verdadeiros emissários do espaço sideral; sentado ali com a terrível gravação e a pilha de cartas em que Akeley resumira suas conclusões.

Então, no final da manhã de domingo, telegrafei para Akeley dizendo que o encontraria em Brattleboro na quarta-feira seguinte — 12 de setembro —, se essa data fosse conveniente para ele. Em apenas um aspecto me afastei de suas sugestões, e isso dizia respeito à escolha de um trem. Francamente, não estava com vontade de chegar àquela região assombrada de Vermont tarde da noite; então, em vez de aceitar o trem que ele escolheu, telefonei para a estação e fiz outro arranjo. Acordando cedo e pegando o trem das 8h07 (padrão) para Boston, eu poderia pegar as 9h25 o trem para Greenfield, chegando lá às 12h22. Isso se relacionava exatamente com um trem que chegava a Brattleboro às 13h08 — uma hora muito mais confortável do que 22h01 para encontrar Akeley e ir com ele pelas colinas fechadas e secretas.

Mencionei essa escolha em meu telegrama e fiquei feliz em saber, na resposta que chegou à noite, que havia recebido o endosso de meu possível anfitrião. O texto era assim:

ACORDO SATISFATÓRIO. ENCONTRARÁ UM TREM 13H08 QUARTA-
-FEIRA. NÃO ESQUEÇA A GRAVAÇÃO, CARTAS E FOTOS. MANTENHA
O DESTINO SIGILOSO. ESPERE GRANDES REVELAÇÕES — AKELEY

O recebimento dessa mensagem em resposta direta a uma enviada a Akeley
— e necessariamente entregue em sua casa da estação de Townshend, fosse por
mensageiro oficial ou por um serviço telefônico restaurado — removeu quaisquer dúvidas subconscientes remanescentes que eu pudesse ter sobre a autoria
da carta desconcertante. Meu alívio foi marcante — na verdade, foi maior do
que eu poderia explicar na época; já que todas essas dúvidas haviam sido profundamente enterradas. Mas dormi profundamente naquela noite, e fiquei ansiosamente ocupado com os preparativos durante os dois dias seguintes.

VI.

Na quarta-feira comecei como combinado, levando comigo uma mala
cheia de necessidades simples e dados científicos, incluindo o hediondo
registro fonográfico, as fotografias e todo o arquivo da correspondência
de Akeley. Conforme solicitado, eu não disse a ninguém para onde estava
indo; pois eu podia ver que o assunto exigia a máxima privacidade, mesmo
permitindo seus rumos mais favoráveis. O pensamento de contato mental
real com entidades externas alienígenas era suficientemente estupefato para
minha mente treinada e um tanto preparada; e, sendo assim, qual poderia
ser seu efeito sobre as vastas massas de leigos desinformados? Não sei se o
medo ou a expectativa aventureira predominavam em mim quando mudei
de trem em Boston e comecei a longa viagem para o oeste, saindo de regiões
familiares para aquelas que eu conhecia menos profundamente. Waltham —
Concord — Ayer — Fitchburg — Gardner — Athol.

Meu trem chegou a Greenfield sete minutos atrasado, mas o expresso que
fazia a conexão ao norte ainda estava na estação. Transferi apressadamente,
senti uma curiosa falta de ar enquanto os carros roncavam através da luz do
sol do início da tarde em territórios sobre os quais eu sempre tinha lido, mas
nunca antes visitado. Eu sabia que estava entrando em uma Nova Inglaterra
totalmente antiquada e mais primitiva do que as áreas costeiras e do sul meca-
nizadas e urbanizadas, onde toda a minha vida havia sido passada; uma Nova
Inglaterra intocada e ancestral, sem os estrangeiros e a fumaça das fábricas, os
outdoors e as estradas de concreto, das seções que a modernidade tocou. Haveria estranhos vestígios dessa vida nativa contínua cujas raízes profundas fazem

dela a única e autêntica consequência da paisagem — a contínua vida nativa que mantém vivas estranhas memórias antigas e fertiliza o solo de crenças obscuras, maravilhosas e raramente mencionadas. De vez em quando, eu via o rio Connecticut, azul, brilhando ao sol, e, depois de deixarmos Northfield, nós o cruzamos. À frente apareciam colinas verdes e enigmáticas, e quando o condutor apareceu, soube que finalmente estava em Vermont. Ele me disse para atrasar meu relógio em uma hora, já que a região montanhosa do Norte não adotava aquelas ideias modernas como o horário de verão. Ao fazê-lo, pareceu-me que também estava retrocedendo um século no calendário.

O trem seguia próximo ao rio, e do outro lado, em New Hampshire, pude ver a encosta se aproximando da íngreme Wantastiquet, em torno da qual se aglomeram antigas lendas singulares. Então as ruas apareceram à minha esquerda e uma ilha verde apareceu no riacho à minha direita. As pessoas se levantaram e formaram uma fila, e eu as segui. O carro parou e eu desci sob o longo galpão de trem da estação de Brattleboro.

Olhando por cima da fila de motores à espera, hesitei um momento para ver qual deles poderia ser o Ford do Akeley, mas minha identidade foi adivinhada antes que eu pudesse tomar a iniciativa. E, no entanto, claramente não foi o próprio Akeley quem avançou para me encontrar com a mão estendida e uma pergunta suave para saber se eu era de fato o Sr. Albert N. Wilmarth de Arkham. Esse homem não tinha nenhuma semelhança com o barbudo e grisalho Akeley da foto; mas era uma pessoa mais jovem e mais cortês, vestida na moda e usando apenas um bigode pequeno e escuro. Sua voz culta tinha um toque estranho e quase perturbador de vaga familiaridade, embora eu não conseguisse colocá-lo definitivamente em minha memória.

Ao examiná-lo, ouvi-o explicar que era amigo de meu possível anfitrião, que viera de Townshend em seu lugar. Akeley, declarou ele, sofrera um ataque súbito de algum problema de asma e não se sentia à altura de fazer uma viagem ao ar livre. Não era grave, no entanto, e não haveria mudança nos planos em relação à minha visita. Eu não conseguia entender o quanto esse Sr. Noyes — como ele próprio se anunciou — sabia das pesquisas e descobertas de Akeley, embora me parecesse que seus modos despreocupados o marcassem como um forasteiro. Lembrando que Akeley tinha sido um eremita, fiquei um pouco surpreso com a pronta disponibilidade de tal amigo; mas não deixei que minha perplexidade me impedisse de entrar no carro para o qual ele me indicou. Não era o pequeno carro antigo que eu esperava de Akeley, mas um espécime grande e imaculado de padrão recente — aparentemente do próprio Noyes, e com placas de Massachusetts e uma divertida placa com a imagem de um "bacalhau sagrado" daquele ano. Meu guia, concluí, devia ser um viajante de verão na região de Townshend.

Noyes entrou no carro ao meu lado e deu a partida imediatamente. Fiquei feliz por ele não começar a conversar, pois alguma tensão atmosférica peculiar fez com que eu não me sentisse inclinado a falar. A cidade parecia muito atraente à luz do sol da tarde quando subimos uma ladeira e viramos à direita na rua principal. Adormecia como as cidades mais antigas da Nova Inglaterra, das quais nos lembramos da infância, e algo na colocação de telhados, campanários, chaminés e paredes de tijolos formava contornos que tocavam cordas profundas da emoção ancestral. Eu poderia dizer que estava no portal de uma região parcialmente enfeitiçada pela superposição de acúmulos ininterruptos de tempo; uma região onde coisas antigas e estranhas tiveram a chance de crescer e permanecer, porque nunca foram despertadas.

À medida que saímos de Brattleboro, minha sensação de constrangimento e mau presságio aumentou, pois uma vaga qualidade do campo apinhado de colinas com suas encostas verdes e graníticas imponentes, ameaçadoras e apertadas sugeria segredos obscuros e sobrevivências imemoriais que poderiam ou não ser hostis à humanidade. Por algum tempo, nosso curso seguiu um rio largo e raso que descia de colinas desconhecidas ao norte, e estremeci quando meu companheiro me disse que era o rio Oeste. Foi nesse riacho, lembrei-me de artigos de jornal, que um dos seres mórbidos semelhantes a caranguejos foi visto flutuando após as inundações.

Gradualmente, o local ao nosso redor ficou mais selvagem e deserto. Pontes cobertas arcaicas permaneciam assustadoramente no passado em bolsões das colinas, e a linha férrea meio abandonada paralela ao rio parecia exalar um ar de desolação nebulosamente visível. Havia extensões impressionantes de vales vívidos, onde grandes penhascos se erguiam, o granito virgem da Nova Inglaterra mostrando-se cinza e austero através do verde que escalava as cristas. Havia desfiladeiros de onde riachos indomáveis saltavam, levando para o rio os segredos inimagináveis de mil picos sem caminhos. De vez em quando, ramificavam-se estradas estreitas e ocultas que abriam caminho através de massas sólidas e luxuriantes de floresta, entre cujas árvores primais todo o exército de espíritos elementares podia muito bem se esconder. Quando a vi, pensei em como Akeley havia sido perturbado por agentes invisíveis ao longo dessa mesma rota, e não imaginava que tais coisas pudessem acontecer.

A pitoresca e bonita vila de Newfane, alcançada em menos de uma hora, foi nosso último elo com aquele mundo que o homem pode definitivamente chamar de seu em virtude da conquista e ocupação completa. Depois disso, abandonamos toda fidelidade a coisas imediatas, tangíveis e tocadas pelo tempo, e entramos em um mundo fantástico de irrealidade silenciosa, no qual a estrada estreita e em forma de fita subia e descia e curvava-se caprichosamente, quase consciente e racional em meio à inutilidade dos picos verdes e de vales semidesertos. Exceto pelo som do motor e o leve movimento das poucas fazendas solitárias pelas quais passamos a intervalos infrequentes, a única coisa que chegava aos meus ouvidos era o borbulhante e insidioso fio de águas estranhas de inúmeras fontes escondidas na floresta sombria.

A proximidade e a intimidade das colinas anãs e abobadadas agora se tornaram verdadeiramente de tirar o fôlego. Sua inclinação e brusquidão eram ainda maiores do que eu imaginara por boatos, e não sugeriam nada em comum com o mundo objetivo prosaico que conhecemos. Os bosques densos e não visitados naquelas encostas inacessíveis pareciam abrigar coisas estranhas e incríveis, e senti que o contorno das próprias colinas continha algum significado estranho e esquecido, como se fossem vastos hieróglifos deixados por uma suposta raça de titãs cujas glórias vivem apenas em sonhos raros e profundos. Todas as lendas do passado e todas as imputações estupefatas das cartas e exposições de Henry Akeley brotaram em minha memória para aumentar a atmosfera de tensão e crescente ameaça. O objetivo de minha visita e as terríveis anormalidades que postulava me atingiram de imediato, com uma sensação de calafrio que quase superou meu desejo por estranhas descobertas.

Meu guia deve ter notado minha atitude perturbada, pois, à medida que a estrada se tornava mais selvagem e irregular, e nosso movimento mais lento e mais agitado, seus ocasionais comentários agradáveis se expandiam em um fluxo mais constante de discurso. Ele falou da beleza e da estranheza do país e revelou algum conhecimento dos estudos folclóricos de meu possível anfitrião. Pelas suas perguntas educadas, era óbvio que ele sabia que eu tinha vindo com um propósito científico e que eu estava trazendo dados de alguma importância; mas não deu sinais de apreciar a profundidade e o horror do conhecimento que Akeley finalmente havia alcançado.

Suas maneiras eram tão alegres, normais e educadas que suas observações deveriam ter me acalmado e tranquilizado; mas, curiosamente, senti-me ainda mais perturbado à medida que avançávamos pela selva desconhecida de colinas e bosques. Às vezes, parecia que ele estava me empurrando para ver o que eu sabia sobre os segredos monstruosos do lugar, e a cada nova expressão aquela familiaridade vaga, provocante e desconcertante em sua voz aumentava. Não era uma familiaridade comum ou saudável, apesar da natureza completamente saudável e cultivada da voz. De alguma forma, liguei-o a pesadelos esquecidos e senti que poderia enlouquecer se o reconhecesse. Se existisse alguma boa desculpa, acho que teria desistido da minha visita. Do jeito que estava, eu não poderia fazê-lo — e me ocorreu que uma conversa interessante e científica com o próprio Akeley depois da minha chegada seria muito útil para eu me recompor.

Além disso, havia um elemento estranhamente calmante de beleza cósmica na paisagem hipnótica pela qual subimos e mergulhamos fantasticamente. O tempo havia se perdido nos labirintos atrás de nós, e ao nosso redor se estendiam apenas as ondas floridas de fadas e a beleza recapturada de séculos desaparecidos — os bosques grisalhos, os pastos imaculados orlados com alegres flores outonais e, em grandes intervalos, as pequenas fazendas marrons aninhadas no meio das árvores enormes sob precipícios verticais de arbustos perfumados e capim-dos-campos. Até a luz do sol assumia um glamour sublime, como se alguma atmosfera ou exalação especial envolvesse toda a região. Eu não tinha visto nada parecido antes, exceto nas paisagens mágicas que às vezes formam o pano de fundo dos italianos primitivos. Sodoma e Leonardo conceberam tais extensões, mas apenas à distância, e pelas abóbadas das arcadas renascentistas. Estávamos agora cavando no meio do quadro, e eu parecia encontrar em sua necromancia uma coisa que eu conhecera ou herdara de forma inata e que sempre procurara em vão.

De repente, depois de contornar um ângulo obtuso no topo de uma subida acentuada, o carro parou. À minha esquerda, através de um gramado bem cuidado que se estendia até a estrada e ostentava uma orla de pedras caiadas, erguia-se uma casa branca de dois andares e de tamanho e elegância inusitadas para a região, com um amontoado de celeiros, galpões e moinhos contíguos ou ligados a arcadas atrás e à direita. Reconheci-a imediatamente pela foto que recebera e não fiquei surpreso ao ver o nome de Henry Akeley na caixa de correio de ferro galvanizado perto da estrada. Por alguma distância atrás da casa, um trecho plano de terra pantanosa e escassamente arborizada se estendia, além da qual se elevava uma encosta íngreme e densamente florestada que terminava em uma crista frondosa irregular. Este último, eu sabia, era o cume da Montanha Sombria, do qual já deveríamos ter escalado a metade.

Descendo do carro e pegando minha mala, Noyes me pediu para esperar enquanto ele entrava para notificar Akeley de minha chegada. Ele mesmo, acrescentou, tinha negócios importantes em outro lugar e não podia parar por mais de um momento. Enquanto ele subia rapidamente o caminho para a casa, eu desci do carro, desejando esticar um pouco as pernas antes de estabelecer uma conversa sedentária. Minha sensação de nervosismo e tensão tinha aumentado ao máximo novamente, agora que eu estava no cenário real da mórbida situação de assédio descrita de forma tão assombrosa nas cartas de Akeley, e eu honestamente temia as próximas discussões que me ligariam a mundos tão estranhos e proibidos.

O contato próximo com o absolutamente bizarro é muitas vezes mais aterrorizante do que inspirador, e não me animava pensar que esse pedaço de estrada empoeirada era o lugar onde aquelas pegadas monstruosas e aquele icor verde fétido foram encontrados depois de noites sem lua de medo e morte. De repente, notei que nenhum dos cães de Akeley parecia estar por perto. Ele os vendeu assim que os Seres Exteriores fizeram as pazes com ele? Por mais que tentasse, não podia ter a mesma confiança na profundidade e sinceridade daquela paz que apareceu na carta final e estranhamente diferente de Akeley. Afinal, ele era um homem de muita simplicidade e com pouca experiência mundana. Não havia, talvez, alguma corrente profunda e sinistra sob a superfície da nova aliança?

Conduzido por meus pensamentos, meus olhos se voltaram para a superfície empoeirada da estrada que continha testemunhos tão hediondos. Os últimos dias tinham sido secos, e rastros de todos os tipos enchiam a estrada irregular e esburacada, apesar da natureza pouco frequentada do lugar. Com uma vaga curiosidade, comecei a traçar o contorno de algumas das impressões heterogêneas, tentando, entretanto, refrear os voos de fantasia macabra que o lugar e suas memórias sugeriam. Havia algo ameaçador e desconfortável na quietude fúnebre, no fio abafado e sutil dos riachos distantes e nos picos verdes e precipícios de mata negra que sufocavam o horizonte estreito.

E então uma imagem surgiu em minha consciência que fez aquelas vagas ameaças e fantasias parecerem realmente leves e insignificantes. Eu disse que estava examinando as impressões diversas na estrada com uma espécie de curiosidade ociosa — mas de repente essa curiosidade foi chocantemente extinta por uma súbita e paralisante rajada de terror ativo. Pois embora os rastros de poeira estivessem em geral confusos e sobrepostos, e dificilmente prendessem qualquer olhar casual, minha visão inquieta havia captado certos detalhes perto do ponto onde o caminho para a casa se juntava à estrada; e tinha reconhecido, sem sombra de dúvida ou esperança, o terrível significado desses detalhes. Não foi à toa, infelizmente, que eu me debrucei por horas sobre as fotos das marcas de garras dos Seres Exteriores que Akeley havia enviado. Eu conhecia muito bem as marcas daquelas garras repugnantes e aquele indício de direção ambígua que marcava os horrores como não sendo criaturas deste planeta. Nenhuma chance havia sido deixada para mim por um erro misericordioso. Aqui, de fato, em forma objetiva diante de meus próprios olhos, e certamente feitas não muitas horas atrás, estavam pelo menos três marcas que se destacavam entre a surpreendente pletora de pegadas borradas que levavam e saíam da casa da fazenda Akeley. Eram os rastros infernais dos fungos vivos de Yuggoth.

Eu me recompus a tempo de abafar um grito. Afinal, o que mais havia lá do que eu poderia esperar, supondo que eu realmente acreditasse nas cartas de Akeley? Ele havia falado em fazer as pazes com as coisas. Por que, então, era estranho que alguns deles tivessem visitado sua casa? Mas o terror era mais forte que a segurança. Poderia esperar-se que algum homem olhasse impassível pela primeira vez para as marcas de garras de seres animados das profundezas do espaço? Nesse momento vi Noyes sair da porta e aproximar-se com passos rápidos. Devo manter o controle de mim mesmo, pois as chances eram de que esse amigo genial nada soubesse das sondagens mais profundas e estupendas de Akeley sobre o proibido.

Akeley, como Noyes apressou-se a me informar, estava feliz e pronto para me ver; embora seu súbito ataque de asma o impedisse de ser um anfitrião muito competente por um dia ou dois. Essas crises o atingiam com força quando vinham e eram sempre acompanhadas por uma febre debilitante e fraqueza geral. Enquanto a doença persistia, tinha que falar em um sussurro, e era muito desajeitado e fraco em se movimentar. Seus pés e tornozelos incharam também, então ele teve que enfaixá-los como se tivesse contraído gota. Hoje ele estava em péssimo estado, de modo que eu teria que atender em grande parte às minhas próprias necessidades; mas não estava menos ansioso para conversar. Eu o encontraria no escritório à esquerda do hall da frente — a sala onde as persianas estavam fechadas. Ele tinha que manter a luz do sol do lado de fora quando estava doente, pois seus olhos eram muito sensíveis.

Quando Noyes me deu adeus e partiu para o norte em seu carro, comecei a caminhar lentamente em direção à casa. A porta foi deixada entreaberta para mim; mas antes de me aproximar e entrar, lancei um olhar perscrutador por todo o lugar, tentando decidir o que havia me parecido tão intangivelmente estranho nele. Os celeiros e galpões pareciam bastante prosaicos, e notei o velho Ford de Akeley em seu amplo abrigo desprotegido. Então o segredo da estranheza me alcançou. Era o silêncio total. Normalmente, uma fazenda é pelo menos moderadamente murmuradora de seus vários tipos de gado, mas aqui faltavam todos os sinais de vida. E as galinhas e os cães? As vacas, das quais Akeley dissera possuir várias, poderiam estar no pasto, e os cães poderiam ter sido vendidos; mas a ausência de qualquer traço de cacarejos ou grunhidos era verdadeiramente singular.

Não parei muito tempo no caminho, resolutamente entrei pela porta aberta da casa e a fechei atrás de mim. Isso me custou um esforço psicológico distinto, e agora que estava fechado por dentro, tive um desejo momentâneo de uma retirada precipitada. Não que o lugar fosse sinistro em sugestão visual; pelo contrário, achei gracioso o corredor do final do período colonial, e admirei o evidente bom gosto de quem o havia decorado. O que me fez querer fugir foi algo muito atenuado e indefinível. Talvez fosse um odor estranho que pensei ter notado — embora soubesse bem como os odores de mofo são comuns até mesmo nas melhores casas de fazenda antigas.

Recusando-me a deixar que esses sentimentos nebulosos me dominassem, lembrei-me das instruções de Noyes e empurrei a porta branca de seis painéis com trava de latão à minha esquerda. A sala do outro lado estava escurecida, como eu sabia antes; e, ao entrar, notei que o odor estranho era mais forte ali. Da mesma forma, parecia haver algum ritmo ou vibração fraco e meio imaginário no ar. Por um momento, as persianas fechadas permitiram que eu visse muito pouco, mas então uma espécie de murmúrio de desculpas chamou minha atenção para uma grande poltrona no canto mais distante e escuro da sala. Dentro de suas profundezas sombrias, vi o borrão branco do rosto e das mãos de um homem; e em um momento cruzei para cumprimentar a figura que tentara falar. Por mais fraca que fosse a luz, percebi que este era de fato meu anfitrião. Eu tinha estudado a sua foto repetidamente, e não havia qualquer erro sobre esse rosto firme e castigado pelo tempo, com a barba cortada e grisalha.

Mas quando olhei novamente, meu reconhecimento foi misturado com tristeza e ansiedade; pois certamente seu rosto era o de um homem muito doente. Senti que devia haver algo mais do que asma por trás daquela expressão tensa, rígida e imóvel e do olhar vítreo sem piscar; e percebi quão terrivelmente a tensão de suas experiências assustadoras deveria tê-lo afetado. Não seria o suficiente para quebrar qualquer ser humano — mesmo um homem mais jovem do que este intrépido mergulhador? O alívio estranho e repentino, eu temia, veio tarde demais para salvá-lo de algo como um colapso geral. Havia um toque de lamentável na forma flácida e sem vida com que suas mãos magras descansavam em seu colo. Ele vestia um roupão largo e estava envolto na cabeça e no pescoço com um lenço ou capuz amarelo vívido.

E então eu vi que ele estava tentando falar no mesmo sussurro cortante com que ele me cumprimentou. Foi um sussurro difícil de captar a princípio, pois o bigode grisalho escondia todos os movimentos dos lábios, e algo em seu timbre me perturbou muito; mas, concentrando minha atenção, logo pude entender seu significado surpreendentemente bem. O sotaque não era nada rústico, e a linguagem era ainda mais polida do que a correspondência me levara a esperar.

— Sr. Wilmarth, eu presumo. Você deve me desculpar por não me levantar. Estou muito doente, como o Sr. Noyes deve ter lhe dito; mas não pude deixar de querer que você viesse do mesmo jeito. Você sabe o que escrevi em minha última carta. Há tanta coisa para lhe dizer amanhã, quando estiver me sentindo melhor. Não posso dizer como estou feliz em vê-lo pessoalmente depois de todas as nossas cartas. Você tem o arquivo com você, não é? Noyes colocou sua mala no corredor — suponho que você tenha visto. Temo que durante esta noite você tenha que cuidar de si mesmo. Seu quarto é no andar de cima — aquele sobre este — e você verá o banheiro com a porta aberta no topo da escada. Há uma refeição para você na sala de jantar, próximo a esta sala à sua direita, que você pode pegar quando quiser. Serei um anfitrião melhor amanhã, pois agora a fraqueza me deixa improdutivo. Sinta-se em casa — você pode pegar as cartas, fotos e discos e colocá-los sobre a mesa antes de subir com sua mala. É aqui que vamos discuti-los — você pode ver meu fonógrafo na estante de canto. Não há nada que você possa fazer por mim. Conheço essas velhas doenças. Apenas volte para uma visita tranquila antes da noite e depois vá para a cama quando quiser. Vou descansar aqui — talvez eu durma aqui a noite toda, como costumo fazer. De manhã, estarei muito mais capacitado para discutir os nossos assuntos. Você percebe, é claro, a natureza absolutamente estupenda do assunto diante de nós. Para nós, como apenas uns poucos homens nesta Terra, serão abertos abismos de tempo e espaço e conhecimento além de qualquer coisa dentro da concepção da ciência humana ou da filosofia. Você sabe que Einstein está errado, e que certos objetos e forças podem se mover com uma velocidade maior que a da luz? Com a ajuda adequada, espero voltar e avançar no tempo, e realmente ver e sentir a terra de um passado remoto e épocas futuras. Você não pode imaginar o grau a que esses seres levaram a ciência. Não há nada que eles não possam fazer com a mente e o corpo dos organismos vivos. Espero visitar outros planetas e até outras estrelas e galáxias. A primeira viagem será para Yuggoth, o mundo mais próximo totalmente povoado pelos seres. É um estranho orbe escuro na borda do nosso sistema solar — ainda desconhecido para os astrônomos terrestres. Mas eu devo ter escrito para você sobre isso. No momento adequado, você sabe, os seres de lá direcionarão correntes de pensamento para nós e farão com que sejam descobertas — ou talvez deixem um de seus aliados humanos dar uma dica aos cientistas. Existem cidades poderosas em Yuggoth — grandes fileiras de torres com terraço construídas de pedra negra como o espécime que tentei enviar a você. Isso veio de Yuggoth. O sol brilha lá, não mais brilhante do que uma estrela, mas os seres não precisam de luz. Eles têm outros sentidos mais sutis, e não colocam janelas em suas grandes casas e templos. A luz até os machuca, atrapalha e confunde, pois não existe de forma alguma no Cosmos negro fora do tempo e do espaço de onde eles vieram originalmente. Visitar Yuggoth enlouqueceria qualquer homem fraco — mas eu vou para lá. Os rios negros de piche que fluem sob aquelas misteriosas pontes titânicas — coisas construídas por alguma raça antiga extinta e esquecida antes que os seres chegassem a Yuggoth dos vazios finais — devem ser o suficiente para tornar qualquer homem um Dante ou Poe, se ele conseguir se manter são o suficiente para narrar o que viu. Mas lembre-se de que aquele mundo escuro de jardins com fungos e cidades sem janelas não é realmente terrível. É apenas para nós que parece assim. Provavelmente este mundo parecia tão terrível para os seres quando o exploraram pela primeira vez na Era primitiva. Você sabe que eles estavam aqui muito antes do fim da fabulosa época de Cthulhu, e lembre-se de tudo sobre o R'lyeh afundado quando estava acima das águas. Eles também estiveram dentro da terra — há aberturas das quais os seres humanos nada sabem —, alguns deles nessas mesmas colinas de Vermont — e grandes mundos de vida desconhecida lá embaixo; K'n-yan de luz azul, Yoth de luz vermelha e N'kai preto e sem luz. É de N'kai que veio o terrível Tsathoggua... você sabe, o amorfo, criatura divina semelhante a um sapo mencionada nos *Manuscritos Pnakóticos* e no *Necronomicon* e no ciclo mitológico Commoriom[26] preservado pelo sumo sacerdote de Atlântida, Klarkash-Ton. Mas vamos falar sobre tudo isso mais tarde. Deve ser quatro ou cinco horas agora. Melhor trazer as coisas de sua mala, comer, e depois voltar para uma conversa confortável.

Muito lentamente me virei e comecei a obedecer a meu anfitrião; busquei minha mala, retirei e depositei os artigos desejados e, finalmente, subi ao quarto designado como meu. Com a lembrança daquela marca de garra na beira da estrada fresca em minha mente, as palavras sussurradas de Akeley me afetaram estranhamente; e os indícios de familiaridade com esse mundo desconhecido de vida fúngica — a proibida Yuggoth — fizeram minha carne arrepiar mais do que eu gostaria de admitir. Lamentei tremendamente a doença de Akeley, mas

---

26   Commoriom é uma cidade criada pelo autor americano Clark Ashton Smith.

tive de confessar que seu sussurro rouco tinha uma qualidade odiosa e lamentável. Se ao menos ele não se gabasse tanto de Yuggoth e seus segredos negros!

Meu quarto provou ser muito agradável e bem mobiliado, desprovido tanto do cheiro de mofo quanto da sensação perturbadora de vibração; e depois de deixar minha mala lá, desci novamente para cumprimentar Akeley e almoçar o que ele deixara preparado para mim. A sala de jantar ficava logo depois do escritório, e vi que uma cozinha se estendia ainda mais na mesma direção. Na mesa de jantar, uma ampla variedade de sanduíches, bolos e queijos me esperava, e uma garrafa térmica ao lado de uma xícara e pires testemunhava que o café quente não havia sido esquecido. Depois de uma refeição farta, servi-me de uma generosa xícara de café, mas descobri que o padrão culinário havia sofrido um lapso nesse detalhe. Meu primeiro gole revelou um gosto acre levemente desagradável, de modo que não tomei mais. Durante todo o almoço, pensei em Akeley sentado em silêncio na grande poltrona da sala escura ao lado.

Perguntei se ele queria compartilhar a refeição, mas ele sussurrou que ainda não podia comer nada. Mais tarde, pouco antes de dormir, ele tomaria um pouco de leite maltado — tudo o que deveria ter naquele dia.

Depois do almoço, insisti em tirar os pratos e lavá-los na pia da cozinha — acidentalmente esvaziando o café que não pude apreciar. Então, voltando ao escritório escuro, puxei uma cadeira perto do canto do meu anfitrião e preparei-me para a conversa que ele se sentisse inclinado a conduzir. As cartas, fotos e registros ainda estavam na grande mesa de centro, mas por enquanto não tivemos que recorrer a eles. Em pouco tempo, esqueci até mesmo o odor bizarro e as curiosas sensações de vibração.

Eu disse que havia coisas em algumas das cartas de Akeley — especialmente a segunda e mais volumosa — que eu não ousaria citar ou mesmo colocar em palavras no papel. Essa hesitação se aplica com força ainda maior às coisas que ouvi sussurradas naquela noite no quarto escuro entre as colinas solitárias. Da extensão dos horrores cósmicos revelados por aquela voz rouca, não posso nem sugerir. Ele tinha conhecido coisas horríveis antes, mas o que ele tinha aprendido desde que fez seu pacto com as Coisas Exteriores era quase demais para a sanidade suportar. Mesmo agora, eu me recusava absolutamente a acreditar no que ele insinuava sobre a constituição do infinito último, a justaposição de dimensões e a posição assustadora de nosso conhecido Cosmos de espaço e tempo na interminável cadeia de átomos e Cosmos interligados que constitui o imediato supercosmos de curvas, ângulos e organização eletrônica material e semimaterial.

Nunca um homem sensato esteve tão perigosamente próximo dos arcanos da entidade básica — nunca esteve um cérebro orgânico tão perto da aniquilação total no caos que transcende a forma, a força e a simetria. Eu aprendi de onde Cthulhu veio pela primeira vez e por que metade das grandes estrelas temporárias da história se acenderam. Eu adivinhei — por insinuações que fizeram até meu informante hesitar timidamente — o segredo por trás das Nuvens de Magalhães[27] e das nebulosas globulares, e a verdade obscura velada pela alegoria imemorial do Tao. A natureza dos Doels[28] foi claramente revelada, e me disseram a essência (embora não a fonte) dos Cães de Tindalos[29]. A lenda de Yig, o Pai das Serpentes, não era mais figurativa, e comecei a sentir repugnância quando me falaram do monstruoso caos nuclear, além do espaço angular que o *Necronomicon* misericordiosamente encobriu sob o nome de Azathoth. Foi chocante ter os pesadelos mais sujos de mitos secretos esclarecidos em termos concretos, cujo ódio mórbido e austero excedia os mais ousados indícios de místicos antigos e medievais. Inelutavelmente fui levado a acreditar que os primeiros que espalharam essas histórias amaldiçoadas devem ter conversado com os Seres Exteriores de Akeley, e talvez tenham visitado reinos cósmicos exteriores como Akeley agora propunha visitá-los.

Disseram-me sobre a Pedra Negra e o que ela implicava, e fiquei feliz por não ter chegado até mim. Minhas suposições sobre aqueles hieróglifos estavam muito corretas! E, no entanto, Akeley agora parecia reconciliado com todo o sistema diabólico com o qual se deparou; reconciliados e ansiosos para ir mais longe ao abismo monstruoso. Eu me perguntava com que seres ele havia falado desde sua última carta para mim, e se muitos deles tinham sido tão humanos quanto aquele primeiro emissário que ele mencionou. A tensão na minha cabeça tornou-se insuportável, e eu construí todos os tipos de teorias malucas sobre aquele odor estranho e persistente e aquelas insidiosas sensações de vibração na sala escura.

A noite estava caindo agora, e quando me lembrei do que Akeley me escrevera sobre aquelas noites anteriores, estremeci ao pensar que não haveria lua. Tampouco gostei do modo como a casa da fazenda se aninhava no sotavento daquela colossal encosta arborizada que levava ao cume não visitado da Montanha Sombria. Com a permissão de Akeley, acendi uma pequena lamparina a óleo, baixei-a e coloquei-a em uma estante distante ao lado do busto fantasmagórico de Milton; mas depois me arrependi de ter feito isso, pois isso fez

---

27   As Nuvens de Magalhães são duas galáxias satélites anãs da nossa galáxia.
28   Doels são criaturas devoradoras de carne criadas por Lovecraft.
29   Cães de Tindalos são criaturas fictícias criadas por Frank Belknap Long.

com que o rosto tenso e imóvel de meu anfitrião e as mãos apáticas parecessem terrivelmente anormais e cadavéricos. Ele parecia meio incapaz de se mover, embora eu o visse assentir rigidamente de vez em quando.

Depois do que ele havia contado, eu mal podia imaginar que segredos mais profundos ele estava guardando para amanhã; mas por fim ficou claro que sua viagem a Yuggoth e além — e minha própria possível participação nela — seria o assunto do dia seguinte. Ele deve ter se divertido com o sobressalto de horror que dei ao ouvir uma viagem cósmica de minha parte proposta, pois sua cabeça balançou violentamente quando demonstrei meu medo. Subsequentemente, ele falou sobre como os seres humanos poderiam realizar — e várias vezes conseguiram — o voo aparentemente impossível através do vazio interestelar. Parecia que corpos humanos completos não faziam a viagem, mas que a prodigiosa habilidade cirúrgica, biológica, química e mecânica dos Seres Exteriores havia encontrado uma maneira de transmitir cérebros humanos sem sua estrutura física concomitante.

Havia uma maneira inofensiva de extrair um cérebro e uma maneira de manter o resíduo orgânico vivo durante sua ausência. A matéria cerebral nua e compacta foi então imersa em um fluido ocasionalmente reabastecido dentro de um cilindro feito de um metal extraído em Yuggoth, certos eletrodos alcançando e conectando-se à vontade com instrumentos elaborados capazes de duplicar as três faculdades vitais de visão, audição e fala. Para os seres-fungos alados, carregar os cilindros cerebrais intactos pelo espaço era uma questão fácil. Então, em cada planeta coberto por sua civilização, eles encontrariam muitos instrumentos ajustáveis capazes de serem conectados com os cérebros encapsulados; para que, depois de um pouco de adaptação, essas inteligências viajantes pudessem receber uma vida sensorial e articulada plena — embora incorpórea e mecânica — em cada estágio de sua jornada através e além do contínuo espaço-tempo. Era tão simples quanto carregar um disco fonográfico e tocá-lo onde quer que exista um fonógrafo de marca correspondente. De seu sucesso, não havia dúvida. Akeley não tinha medo. Não foi brilhantemente realizado de novo e de novo?

Pela primeira vez, uma das mãos inertes e gastas se ergueu e apontou rigidamente para uma prateleira alta do outro lado da sala. Ali, em uma fileira organizada, havia mais de uma dúzia de cilindros de um metal que eu nunca tinha visto antes — cilindros com cerca de trinta centímetros de altura e um pouco menos de diâmetro, com três curiosos encaixes dispostos em um triângulo isósceles sobre a superfície convexa frontal de cada um. Um deles estava ligado em duas das tomadas a um par de máquinas de aparência singular que ficava no fundo. Do seu significado não precisei ser informado, e estremeci como se estivesse com febre. Então vi a mão apontar para um canto muito mais próximo, onde alguns intrincados instrumentos com cabos e plugues, vários deles muito parecidos com os dois dispositivos na prateleira atrás dos cilindros, estavam amontoados.

— Há quatro tipos de instrumentos aqui, Wilmarth —, sussurrou a voz. — Quatro tipos — com três capacidades cada — fazem doze peças ao todo. Você vê que há quatro tipos diferentes de seres representados naqueles cilindros lá em cima. Três humanos, seis seres fungoides que não podem navegar no espaço corporalmente, dois seres de Netuno (Deus! se você pudesse ver o corpo que esse tipo tem em seu próprio planeta!) e as entidades restantes das cavernas centrais de uma estrela escura especialmente interessante além da galáxia. No posto principal dentro de Round Hill, você encontrará de vez em quando mais cilindros e máquinas — cilindros de cérebros extracósmicos com sentidos diferentes de todos os que conhecemos —, aliados e exploradores do extremo exterior — e máquinas especiais para dar-lhes impressões e expressões das várias maneiras que lhes convêm ao mesmo tempo e às compreensões de diferentes tipos de ouvintes. Round Hill, como a maioria dos principais postos avançados dos seres através dos vários universos, é um lugar cosmopolita. Claro, apenas os tipos mais comuns me foram emprestados para experiência. Pegue as três máquinas que eu aponto e coloque-as na mesa. Aquela alta com as duas lentes de vidro na frente — depois a caixa com os tubos de vácuo e a caixa de ressonância — e agora aquela com o disco de metal em cima, com o cilindro com o rótulo B-67 colado nele. Basta ficar na cadeira Windsor para chegar à prateleira. Pesado? Não importa! Certifique-se do número — B-67. Não se preocupe com aquele cilindro novo e brilhante unido aos dois instrumentos de teste — aquele com meu nome nele. Coloque o B-67 na mesa perto de onde você colocou as máquinas — e veja se o botão de discagem em todas as três máquinas está preso na extremidade esquerda. Agora conecte o fio da máquina de lentes com o soquete superior do cilindro — ali! Junte a máquina de tubo ao soquete inferior esquerdo e o aparelho de disco ao soquete externo. Agora mova todos os interruptores da máquina para a extrema direita — primeiro a lente, depois a do disco e depois a do tubo. Isso mesmo. Posso dizer a você que este é um ser humano — como qualquer um de nós. Vou lhe dar um gostinho de alguns dos outros amanhã.

Até hoje não sei por que obedeci a esses sussurros tão servilmente, ou se pensei que Akeley era louco ou são. Depois do que aconteceu antes, eu deveria estar preparado para qualquer coisa; mas essa balbúrdia mecânica parecia-se tanto com os caprichos típicos de inventores e cientistas enlouquecidos que despertou uma dúvida que nem mesmo o discurso precedente havia suscitado. Aquele que sussurrou insinuou que estava além de toda crença humana — mas as outras coisas não estavam ainda mais além, e menos absurdas apenas por causa de seu afastamento de provas concretas tangíveis?

Enquanto minha mente cambaleava em meio a esse caos, tomei consciência de uma mistura de rangidos e zumbidos de todas as três máquinas recentemente ligadas ao cilindro — um rangido e zumbido que logo se transformou em um silêncio virtual. O que estava prestes a acontecer? Eu deveria ouvir uma voz? E se assim fosse, que prova eu teria de que não era algum dispositivo de rádio habilmente inventado, falado por um alto-falante oculto, mas observado de perto? Mesmo agora não estou disposto a jurar apenas o que ouvi, ou apenas que fenômeno realmente aconteceu antes de mim. Mas algo certamente parecia acontecer.

Para ser breve e claro, a máquina com os tubos e a caixa de som começou a falar, e com um ponto e inteligência que não deixaram dúvidas de que o locutor estava realmente presente e nos observando. A voz era alta, metálica, sem vida e claramente mecânica em cada detalhe de sua produção. Era incapaz de inflexão ou expressividade, mas raspava e chacoalhava com uma precisão e deliberação mortais. A voz disse:

— Sr. Wilmarth, espero não o assustar. Sou um ser humano como o senhor, embora meu corpo esteja agora descansando em segurança sob tratamento vitalizante e adequado dentro de Round Hill, cerca de um quilômetro e meio a leste daqui. Eu mesmo estou aqui com você — meu cérebro está nesse cilindro e eu vejo, ouço e falo através desses vibradores eletrônicos. Em uma semana estou atravessando o vazio como já estive muitas vezes antes, e espero ter o prazer da companhia do Sr. Akeley. Gostaria de poder ter a sua companhia também, pois conheço você de vista e reputação, e acompanhei de perto sua correspondência com nosso amigo. Sou, é claro, um dos homens que se tornaram aliados com os seres externos que visitam nosso planeta, eu os conheci primeiro no Himalaia e os ajudei de várias maneiras. Em troca, eles me deram experiências como poucos homens já tiveram. Você percebe o que significa quando digo que estive em trinta e sete corpos celestes diferentes — planetas, estrelas escuras e objetos menos definíveis —, incluindo oito fora de nossa galáxia e dois fora do Cosmos curvo do espaço e do tempo? Não me prejudicou em nada. Meu cérebro foi removido do meu corpo por fissões tão hábeis que seria grosseiro chamar a operação de cirurgia. Os seres visitantes têm métodos que tornam essas extrações fáceis e quase normais — e o corpo de uma pessoa nunca envelhece quando o cérebro está fora dele. O cérebro, devo acrescentar, é virtualmente imortal com suas faculdades mecânicas e uma nutrição limitada fornecida por mudanças ocasionais do fluido preservador. No todo, espero sinceramente que você decida vir comigo e com o Sr. Akeley. Os visitantes estão ansiosos para conhecer homens de conhecimento como você e mostrar-lhes os grandes abismos com os quais a maioria de nós teve que sonhar. A princípio, pode parecer estranho conhecê-los, mas sei que você não se importará com isso. Acho que o Sr. Noyes também vai concordar — o homem que sem dúvida o trouxe aqui em seu carro. Ele foi um dos nossos por anos — suponho que você tenha reconhecido a voz dele como uma daquelas do disco que o Sr. Akeley lhe enviou.

O orador parou um momento antes de concluir:

— Então, Sr. Wilmarth, vou deixar o assunto para você, apenas acrescentando que um homem com seu amor por coisas estranhas e folclore nunca deve perder uma chance como esta. Não há nada a temer. Todas as transições são indolores; e há muito para desfrutar em um estado de sensação totalmente mecanizado. Quando os eletrodos são desconectados, a pessoa simplesmente cai em sono e tem sonhos vívidos e fantásticos. E agora, se você não se importa, podemos adiar nossa sessão até amanhã. Boa noite — basta girar todos os interruptores de volta para a esquerda; não importa a ordem exata, embora você possa deixar a máquina de lentes ser a última. Boa noite, Sr. Akeley — trate bem nosso convidado! Pronto com esses interruptores?

Isso foi tudo. Obedeci mecanicamente e desliguei os três interruptores, embora atordoado pela dúvida de tudo o que havia ocorrido. Minha cabeça ainda estava girando quando ouvi a voz sussurrante de Akeley me dizendo que eu poderia deixar todo o aparato na mesa exatamente como estava. Ele não fez nenhum comentário sobre o que havia acontecido e, de fato, nenhum comentário poderia ter transmitido muito às minhas faculdades sobrecarregadas. Ouvi-o dizer-me que podia levar o candeeiro para usar no meu quarto e deduzi que desejava descansar sozinho no escuro. Certamente era hora de descansar, pois seu discurso da tarde e da noite fora de tal ordem que exauriu até mesmo um homem vigoroso. Ainda atordoado, desejei boa noite ao meu anfitrião e subi com a lâmpada, embora tivesse comigo uma excelente lanterna de bolso.

Fiquei feliz por estar fora daquele escritório no andar de baixo com o odor estranho e as vagas sensações de vibração, mas é claro que não pude escapar de uma sensação horrível de pavor, perigo e anormalidade cósmica ao pensar no lugar em que estava e nas forças que encontraria. A região selvagem e solitária, a encosta negra e misteriosamente arborizada elevando-se tão perto da casa; a pegada na estrada, aquele que sussurrou e estava doente e imóvel no escuro, os cilindros e máquinas infernais e, acima de tudo, os convites para cirurgias estranhas e viagens estranhas — essas coisas, todas tão novas e em uma sucessão tão repentina, precipitaram-se sobre mim com uma força cumulativa que minou minha vontade e quase minou minha força física.

Descobrir que meu guia Noyes era o celebrante humano naquele monstruoso ritual do Sabá no disco fonográfico foi um choque particular, embora eu já tivesse sentido uma familiaridade fraca e repelente em sua voz. Outro choque especial veio de minha própria atitude em relação ao meu anfitrião sempre que parava para analisá-lo; pois por mais que eu tenha gostado instintivamente de Akeley conforme se mostrava em sua correspondência, agora descobri que ele me enchia de uma repulsa distinta. Sua doença deveria ter despertado minha pena; mas em vez disso, me deu uma espécie de estremecimento. Ele era tão rígido, inerte e cadavérico — e aquele murmúrio incessante era tão odioso e desumano!

Ocorreu-me que esse sussurro era diferente de qualquer outra coisa do tipo que eu já tinha ouvido; que, apesar da curiosa imobilidade dos lábios protegidos pelo bigode do orador, tinha uma força latente e um poder de carga notável para o chiado de um asmático. Eu tinha sido capaz de entender o orador do outro lado da sala, e uma ou duas vezes me pareceu que os sons fracos, mas penetrantes, representavam não tanto fraqueza quanto repressão deliberada — por alguma razão que eu não conseguia adivinhar. Desde o início senti uma qualidade perturbadora em seu timbre. Agora, quando tentei refletir sobre o assunto, pensei que poderia atribuir essa impressão a uma espécie de familiaridade subconsciente, como aquela que tornara a voz de Noyes tão nebulosa e ameaçadora. Mas quando ou onde eu encontrei a ligação entre ambos, era mais do que eu poderia dizer. Uma coisa era certa, eu não passaria outra noite aqui. Meu zelo científico havia desaparecido em meio ao medo e aversão, e eu não sentia nada agora além de um desejo de escapar dessa rede de morbidez e revelação não natural. Eu sabia o suficiente agora. Deve ser verdade que existem estranhas ligações cósmicas — mas essas coisas certamente não são destinadas à intromissão de seres humanos.

Influências blasfemas pareciam me cercar e pressionar de forma sufocante meus sentidos. Dormir, decidi, era coisa fora de questão; então simplesmente apaguei a lâmpada e me joguei na cama completamente vestido. Sem dúvida era absurdo, mas eu me mantive preparado para alguma emergência desconhecida; segurando na mão direita o revólver que trouxera e na esquerda a lanterna de bolso. Nenhum som veio de baixo, e eu podia imaginar como meu anfitrião estava, sentado com uma rigidez cadavérica, no escuro.

Em algum lugar ouvi um tique-taque do relógio e fiquei vagamente grato pela normalidade do som. Isso me lembrou, porém, de outra coisa sobre a região que me perturbou: a total ausência de vida animal. Certamente não havia animais de fazenda por perto, e agora percebi que mesmo os ruídos noturnos habituais de seres vivos selvagens não existiam. Exceto pelo fio sinistro de águas distantes e invisíveis, aquela quietude era anômala — interplanetária —, e eu me perguntava que praga intangível e gerada por estrelas poderia estar pairando sobre a região. Lembrei-me de antigas lendas de que cães e outras feras sempre odiaram os Seres Exteriores, e pensei no que aquelas pegadas na estrada poderiam significar.

VIII.

Não me pergunte quanto tempo durou meu inesperado lapso de sono, ou quanto do que se seguiu foi puro sonho. Se eu lhe disser que despertei numa certa hora, e ouvi e vi certas coisas, você apenas concluirá que não acordei naquela hora; e que tudo era um sonho até o momento em que saí correndo de casa, cambaleei até o galpão onde tinha visto o velho Ford e tomei aquele veículo antigo para uma corrida louca e sem rumo pelas colinas assombradas que finalmente me levaram — depois de horas de solavancos e serpenteando por labirintos ameaçados pela floresta — a uma aldeia que acabou por ser Townshend.

Você também irá, é claro, descontar tudo o mais no meu relatório; e declaro que todas as fotos, sons de discos, sons de cilindros e de máquinas e evidências afins foram pedaços de pura decepção praticada contra mim pelo desaparecido Henry Akeley. Você até imaginará que ele conspirou com outros excêntricos para realizar uma farsa tola e elaborada — e que ele mandou retirar a remessa expressa em Keene e que Noyes fez aquele terrível registro de cera. É estranho, porém, que Noyes ainda não tenha sido identificado; que era desconhecido em todas as aldeias perto da casa de Akeley, embora devesse estar frequentemente na região. Eu gostaria de ter parado para memorizar o número da placa do carro dele — ou talvez tenha sido melhor eu não ter feito isso. Pois eu, apesar de tudo o que você pode dizer, e apesar de tudo que às vezes tento dizer a mim mesmo, sei que influências externas repugnantes devem estar à espreita nas colinas semidesconhecidas — e que essas influências têm espiões e emissários no mundo dos homens. Manter-me o mais longe possível de tais influências e de tais emissários é tudo o que peço à vida no futuro.

Quando minha história frenética levou uma tropa do xerife para a casa da fazenda, Akeley se foi sem deixar rastro. Seu roupão largo, cachecol amarelo e bandagens estavam no chão do escritório perto de sua poltrona de canto, e não se podia decidir se alguma de suas outras roupas havia desaparecido com ele. Os cães e o gado estavam de fato desaparecidos, e havia alguns curiosos buracos de bala tanto no exterior da casa quanto em algumas paredes internas; mas, além disso, nada de incomum pôde ser detectado. Nenhum cilindro ou máquina, nenhuma das evidências que eu trouxera na minha mala, nenhum odor estranho ou sensação de vibração, nenhuma pegada na estrada e nenhuma das coisas problemáticas que eu vislumbrei nos momentos finais.

Fiquei uma semana em Brattleboro depois de minha fuga, fazendo perguntas a pessoas de todo tipo que conheceram Akeley; e os resultados me convencem de que o assunto não é fruto de sonho ou ilusão. A estranha compra de cães, munição e produtos químicos por parte de Akeley e o corte de seus fios telefônicos são questões registradas; enquanto todos que o conheciam — inclusive seu filho na Califórnia — admitem que seus comentários ocasionais sobre estudos estranhos tinham certa consistência. Cidadãos de classe acreditam que ele era louco e sem hesitação pronunciam todas as evidências relatadas meras falcatruas inventadas com astúcia insana e talvez endossadas por amigos excêntricos; mas os camponeses mais humildes sustentam suas declarações em todos os detalhes. Ele havia mostrado a alguns desses rústicos suas fotografias e a pedra preta, e tocara o disco hediondo para eles; todos disseram que as pegadas e a voz em zumbindo eram como aquelas descritas em lendas ancestrais.

Disseram também que visões e sons suspeitos foram observados cada vez mais ao redor da casa de Akeley depois que ele encontrou a pedra preta, e que o lugar agora era evitado por todos, exceto pelo carteiro e outras pessoas casuais e obstinadas. A Montanha Sombria e Round Hill eram lugares notoriamente assombrados, e eu não consegui encontrar ninguém que já os tivesse explorado de perto também. Os desaparecimentos ocasionais de nativos ao longo da história do distrito eram bem atestados, e agora incluíam Walter Brown, mencionado nas cartas de Akeley. Cheguei até a encontrar um fazendeiro que pensou ter vislumbrado pessoalmente um dos corpos estranhos na época da enchente no rio Oeste, mas sua história era confusa demais para ser realmente valiosa.

Quando deixei Brattleboro, resolvi nunca mais voltar a Vermont, e tenho certeza de que manterei minha resolução. Essas colinas selvagens são certamente o posto avançado de uma assustadora raça cósmica — como duvido muito menos desde que li que um novo nono planeta foi vislumbrado além de Netuno, assim como essas influências disseram que seria vislumbrado. Os astrônomos, com uma propriedade hedionda que pouco suspeitam, chamaram essa coisa de "Plutão". Sinto, sem sombra de dúvida, que é nada menos do que Yuggoth noturno — e estremeço quando tento descobrir a verdadeira razão pela qual seus monstruosos habitantes desejam que seja conhecido dessa maneira neste momento especial. Em vão tento me assegurar de que essas criaturas demoníacas não estão gradualmente levando alguma nova política prejudicial à Terra e a seus habitantes normais.

Mas ainda tenho que contar o fim daquela noite terrível na casa da fazenda. Como eu disse, finalmente caí em um cochilo perturbado; um cochilo cheio de fragmentos de sonho que envolviam vislumbres de paisagens monstruosas. Ainda não posso dizer o que me despertou, mas tenho certeza de que realmente despertei neste ponto. Minha primeira impressão confusa foi de tábuas do assoalho rangendo furtivamente no corredor do lado de fora da minha porta, e de um desajeitado e abafado movimento no trinco. Isso, no entanto, cessou quase imediatamente; de modo que minhas impressões realmente claras começam com as vozes ouvidas no andar de baixo. Parecia haver vários oradores, e julguei que estavam envolvidos de forma controversa.

Depois de alguns segundos, eu estava bem acordado, pois a natureza das vozes era tal que tornava ridículo qualquer pensamento de sono. Os tons eram curiosamente variados, e ninguém que tivesse ouvido aquele maldito disco fonográfico podia ter dúvidas sobre a natureza de pelo menos dois deles. Por mais medonha que fosse a ideia, eu sabia que estava sob o mesmo teto que coisas sem nome do espaço abismal, pois aquelas duas vozes eram inconfundivelmente os zumbidos blasfemos que os Seres Externos usavam em sua comunicação com os homens. Os dois eram individualmente diferentes — diferentes em tom, sotaque e ritmo —, mas ambos eram do mesmo tipo condenável.

Uma terceira voz era indubitavelmente a de uma máquina de emissão mecânica conectada a um dos cérebros destacados nos cilindros. Havia tão pouca dúvida sobre isso quanto sobre os zumbidos; pois a voz alta, metálica e sem vida da noite anterior, com sua inflexão e inexpressividade raspando e chiando, e sua precisão e deliberação impessoais, tinha sido absolutamente inesquecível. Por um tempo não parei para questionar se a inteligência por trás da raspagem era a mesma que anteriormente havia falado comigo; mas logo depois refleti que qualquer cérebro emitiria sons vocais da mesma qualidade se ligado ao mesmo produtor mecânico de fala; as únicas diferenças possíveis estão na linguagem, ritmo, velocidade e pronúncia.

Enquanto tentava captar as palavras que o piso robusto interceptava de maneira tão desconcertante, percebi também uma grande quantidade de agitação, arranhões e barulhos na sala de baixo; de modo que não pude escapar à impressão de que estava cheio de seres vivos — muitos mais do que os poucos cuja fala eu poderia destacar. A natureza exata dessa agitação é extremamente difícil de descrever, pois existem poucas boas bases de comparação. Objetos pareciam se mover de vez em quando pela sala como entidades conscientes; o som de seus passos sendo algo como um ruído solto e de superfície dura — como o contato de superfícies mal coordenadas de chifre ou uma borracha dura. Era, para usar uma comparação mais concreta, mas menos precisa, como se pessoas com sapatos de madeira estilhaçados estivessem tropeçando e chacoalhando no piso de tábuas polidas. Sobre a natureza e a aparência dos responsáveis pelos sons, não quis especular.

Em pouco tempo vi que seria impossível distinguir qualquer discurso conectado. Palavras isoladas — incluindo o nome de Akeley e o meu — de vez em quando flutuavam, especialmente quando pronunciadas pelo produtor mecânico de fala; mas seu verdadeiro significado foi perdido por falta de contexto contínuo. Hoje me recuso a fazer qualquer dedução definitiva deles, e até mesmo seu efeito assustador sobre mim foi mais de sugestão do que de revelação. Um conclave terrível e anormal, eu tinha certeza, estava reunido abaixo de mim; mas para quais deliberações chocantes eu não poderia dizer. Era curioso como esse senso inquestionável de maldade e blasfêmia me impregnava, apesar das garantias de Akeley sobre a amizade do Renegado.

Com a escuta paciente, comecei a distinguir claramente as vozes, embora não conseguisse entender muito do que qualquer uma das vozes dizia. Eu parecia captar certas emoções típicas por trás de alguns dos alto-falantes. Uma das vozes zumbidoras, por exemplo, tinha um tom inconfundível de autoridade; enquanto a voz mecânica, apesar de sua sonoridade e regularidade artificiais, parecia estar numa posição de subordinação e súplica. O tom de voz de Noyes exalava uma espécie de atmosfera conciliadora. Os outros eu não pude fazer nenhuma tentativa de interpretar. Não ouvi o sussurro familiar de Akeley, mas sabia muito bem que tal som jamais poderia penetrar no piso sólido do meu quarto.

Vou tentar anotar algumas das poucas palavras desconexas e outros sons que captei, rotulando os falantes das palavras da melhor maneira possível. Foi da máquina de fala que peguei pela primeira vez algumas frases reconhecíveis.

(A Máquina de Fala)

"... eu mesmo trouxe isso... mandei de volta as cartas e o registro... acabou com isso... apreendido... vendo e ouvindo... maldito seja... força impessoal, afinal... cilindro fresco e brilhante... grande Deus..."

(Primeira voz zumbindo)

"... tempo que paramos... pequenos e humanos... Akeley... cérebro... dizendo..."

(Segunda voz zumbindo)

"Nyarlathotep... Wilmarth... registros e cartas... impostura barata..."

(Noyes)

"(uma palavra ou nome impronunciável, possivelmente N'gah-Kthun) inofensivo... paz... algumas semanas... teatral... te disse isso antes..."

(Primeira voz zumbindo)

"... sem motivo... plano original... efeitos... Noyes pode vigiar Round Hill... cilindro novo... carro de Noyes..."

(Noyes)

"... bem... todo seu... aqui embaixo... descanse... lugar..."

(Várias vozes ao mesmo tempo em fala indistinguível)

(Muitos passos, incluindo a peculiar agitação ou barulho)

(Uma espécie curiosa de som de asas)

(O som de um automóvel chegando e partindo)

(Silêncio)

Essa foi a substância do que meus ouvidos me trouxeram enquanto eu estava deitado rígido naquela estranha cama no andar de cima da casa assombrada entre as colinas demoníacas — estava completamente vestido, com um revólver na mão direita e uma lanterna de bolso na esquerda. Fiquei, como disse, bem desperto; mas uma espécie de paralisia obscura me manteve inerte até muito depois de os últimos ecos dos sons se extinguirem. Ouvi o tique-taque típico do antigo relógio de madeira de Connecticut em algum lugar bem abaixo, e finalmente percebi o ronco irregular de um dorminhoco. Akeley deve ter cochilado depois da estranha sessão, e eu podia acreditar que ele precisava fazer isso.

Apenas o que pensar ou o que fazer era mais do que eu poderia decidir. Afinal, o que eu tinha ouvido além das coisas que as informações anteriores poderiam ter me levado a esperar? Eu não sabia que os Renegados sem nome agora eram admitidos livremente na casa da fazenda? Sem dúvida, Akeley ficara surpreso com uma visita inesperada deles. No entanto, algo naquele discurso fragmentário me esfriou imensamente, levantou as dúvidas mais grotescas e horríveis, e me fez desejar fervorosamente acordar e provar que tudo era um sonho. Acho que minha mente subconsciente deve ter captado algo que minha consciência ainda não reconheceu. Mas e Akeley? Ele não era meu amigo, e não protestaria se pretendessem algum dano a mim? O ronco pacífico abaixo parecia ridicularizar todos os meus medos subitamente intensificados.

Seria possível que Akeley tivesse sido imposto e usado como isca para me atrair para as colinas com as cartas, as fotos e o disco fonográfico? Esses seres pretendiam nos envolver em uma destruição comum porque tínhamos aprendido demais? Novamente pensei na brusquidão e na falta de naturalidade dessa mudança na situação que deve ter ocorrido entre a penúltima e a última carta de Akeley. Meu instinto me disse que eu estava terrivelmente errado. Nem tudo era como parecia. Aquele café acre que recusei — não houve uma tentativa de alguma entidade oculta e desconhecida de me drogar? Deveria ter falado com Akeley e restaurado seu senso de proporção. Eles o hipnotizaram com suas promessas de revelações cósmicas, mas ele deveria ouvir a razão. Precisávamos sair antes que fosse tarde demais. Se ele não tivesse a força de vontade para abrir caminho para a liberdade, eu a forneceria. Ou, se não conseguisse convencê-lo a ir, pelo menos eu mesmo poderia ter ido. Certamente ele me deixaria pegar seu Ford e deixá-lo em uma garagem em Brattleboro. Eu tinha reparado no galpão — a porta estava destrancada, já que o perigo havia passado — e acreditei que havia uma boa chance de estar pronto para uso imediato. Aquela aversão momentânea por Akeley que eu sentira durante e depois da conversa da noite havia desaparecido. Ele estava em uma posição muito parecida com a minha, e deveríamos ficar juntos. Conhecendo sua condição indisposta, eu não queria acordá-lo neste momento, mas eu sabia que deveria. Eu não poderia ficar neste lugar até de manhã como as coisas estavam.

Exatamente qual era a situação real, eu não conseguia adivinhar; mas o bom senso me dizia que o mais seguro era descobrir o máximo possível antes de acordar alguém. Voltando ao corredor, silenciosamente fechei e tranquei a porta da sala atrás de mim, diminuindo assim as chances de despertar Noyes. Entrei cautelosamente no escritório escuro, onde esperava encontrar Akeley, dormindo ou acordado, na grande cadeira de canto que evidentemente era seu local de descanso favorito. Conforme eu avançava, os fachos de minha lanterna iluminaram a grande mesa de centro, revelando um dos cilindros infernais com aparelhos de visão e audição acoplados, e com um aparelho de fala próximo, pronto para ser conectado a qualquer momento. Isso, refleti, deve ser o cérebro envolto que eu ouvira falar durante a assustadora conferência;

Deve, pensei, estar consciente da minha presença mesmo agora; já que os anexos de visão e audição não podiam deixar de revelar os raios de minha lanterna e o leve ranger do chão sob meus pés. Mas no final eu não ousei me intrometer na coisa. Eu vi vagamente que era o cilindro novo e brilhante com o nome de Akeley, que eu havia notado na prateleira no início da noite e que meu anfitrião me disse para ignorar. Recordando esse momento, só posso lamentar minha timidez e desejar ter corajosamente feito o aparelho falar. Deus sabe quais mistérios e dúvidas horríveis e questões de identidade isso pode ter esclarecido! Porém, pode ter sido misericordioso tê-lo deixado em paz.

Da mesa, virei minha lanterna para o canto onde pensei que Akeley estava, mas descobri, para minha perplexidade, que a grande poltrona estava vazia de qualquer ocupante humano dormindo ou acordado. Do assento ao chão, arrastava-se volumosamente o velho roupão familiar, e perto dele, no chão, estava o lenço amarelo e as enormes bandagens nos pés que eu achara tão estranhas. Enquanto eu hesitava, tentando conjecturar onde Akeley poderia estar e por que ele havia descartado tão repentinamente suas roupas necessárias para o quarto de doente, observei que o odor estranho e a sensação de vibração não estavam mais no quarto. Qual tinha sido a causa deles? Curiosamente, ocorreu-me que eu os havia notado apenas nas proximidades de Akeley. Eles eram mais fortes onde ele estava sentado, e totalmente ausentes, exceto na sala com ele ou do lado de fora das portas daquela sala.

Quisera eu ter saído silenciosamente do lugar antes de permitir que aquela luz pousasse novamente na cadeira vazia. Como se viu, não saí em silêncio, mas com um grito abafado que deve ter perturbado, embora não tenha despertado completamente, a sentinela adormecida do outro lado do corredor. Aquele grito e o ronco ininterrupto de Noyes foram os últimos sons que ouvi naquela casa de fazenda sufocada pela morbidez sob o cume coberto de matas negras da montanha assombrada, aquele foco de horror cósmico em meio às colinas verdes solitárias e riachos que murmuram maldições de uma terra rústica espectral.

É uma maravilha que eu não tenha deixado cair lanterna, mala e revólver em minha corrida selvagem, mas de alguma forma eu não consegui perder nada disso. Na verdade, consegui sair daquele quarto e daquela casa sem fazer mais barulho, arrastar a mim e meus pertences em segurança para o velho Ford no galpão e colocar aquele veículo arcaico em movimento em direção a algum ponto desconhecido de segurança na noite escura e sem lua. O passeio que se seguiu foi um delírio de Poe ou Rimbaud ou dos desenhos de Doré, mas finalmente cheguei a Townshend. Isso é tudo. Se minha sanidade ainda está inabalada, tenho sorte. Às vezes eu temo o que os anos trarão, especialmente porque aquele novo planeta, Plutão, foi tão curiosamente descoberto.

Como dei a entender, deixei minha lanterna retornar à poltrona vazia depois de dar a volta no quarto; notando então pela primeira vez a presença de certos objetos no assento, tornados imperceptíveis pelas dobras soltas adjacentes do roupão vazio. Esses foram os objetos, em número de três, que os investigadores não encontraram quando chegaram mais tarde. Como eu disse no início, não havia nada de horror visual real sobre eles. O problema estava no que eles levavam a inferir. Mesmo agora, tenho meus momentos de dúvida — momentos em que aceito o ceticismo daqueles que atribuem toda a minha experiência ao sonho, aos nervos e à ilusão.

As três coisas eram construções extremamente inteligentes de sua espécie, e eram guarnecidas de engenhosos grampos metálicos para prendê-las a desenvolvimentos orgânicos sobre os quais não ouso formar qualquer conjectura. Espero — sinceramente espero — que fossem produtos de cera de um artista mestre, apesar do que meus medos mais íntimos me dizem. Bom Deus! Aquele que sussurra na escuridão com seu odor mórbido e vibrações! Feiticeiro, emissário, desafiante, forasteiro... aquele zumbido horrível reprimido... e o tempo todo naquele cilindro fresco e brilhante na prateleira... pobre diabo... "Prodigiosa habilidade cirúrgica, biológica, química e mecânica."

Pois as coisas na cadeira, perfeitas até o último e sutil detalhe de semelhança microscópica — ou identidade —, eram o rosto e as mãos de Henry Wentworth Akeley.

O HABITANTE DAS TREVAS (1935)

(Dedicado a Robert Bloch)

Eu vi o universo escuro bocejando
Onde os planetas negros orbitam sem rumo
Onde os planetas negros giram em horror maçante,
Sem conhecimento, sem glória, sem nome.
Nêmesis[30]

Investigadores cautelosos hesitarão em desafiar a crença comum de que Robert Blake foi morto por um raio ou por algum choque nervoso profundo causado por uma descarga elétrica. É verdade que a janela que ele encarava estava intacta, mas a natureza mostrou-se capaz de muitas performances bizarras. A expressão em seu rosto pode facilmente ter surgido de alguma fonte muscular obscura, sem relação com qualquer coisa que ele tenha visto, enquanto as anotações em seu diário são claramente o resultado de uma imaginação fantástica despertada por certas superstições locais e por certos assuntos antigos que ele havia descoberto. Quanto às condições anômalas na igreja deserta em Federal Hill, um investigador astuto não demoraria a atribuí-las a algum charlatanismo, consciente ou inconsciente, ao qual Blake estava secretamente ligado.

Afinal, a vítima era um escritor e pintor inteiramente dedicado ao campo do mito, do sonho, do terror e da superstição, e ávido em sua busca por cenas e efeitos de tipo bizarro e espectral. Sua estada anterior na cidade — uma visita a um velho estranho, tão profundamente dado ao conhecimento oculto e proibido quanto ele — terminara em meio à morte e às chamas, e deve ter sido

---

30   Esta estrofe pertence ao poema *Nêmesis*, escrito por Lovecraft.

algum instinto mórbido que o puxou de volta para sua casa em Milwaukee. Ele pode ter conhecido as velhas histórias, apesar de suas declarações que diziam o contrário no diário, e sua morte pode ter cortado pela raiz algum engano estupendo destinado a produzir uma reflexão literária.

Entre aqueles, no entanto, que examinaram e correlacionaram todas essas evidências, restam vários que se apegam a teorias menos racionais e sensatas. Estes estão inclinados a levar muito do diário de Blake ao pé da letra, e apontam significativamente para certos fatos, como a inquestionável genuinidade do antigo registro da igreja, a existência verificada da odiada e pouco ortodoxa seita da Sabedoria Estrelada antes de 1877, o desaparecimento registrado de um repórter curioso chamado Edwin M. Lillibridge em 1893 e — acima de tudo — o olhar de medo monstruoso e transfigurador no rosto do jovem escritor quando ele morreu. Foi um desses crentes que, levado a extremos fanáticos, jogou na baía a pedra curiosamente angulada e a caixa de metal estranhamente adornada encontradas na velha torre da igreja — a torre escura e sem janelas, e não a torre em que o diário de Blake dizia que essas coisas estavam. Embora amplamente censurado, tanto oficial quanto extraoficialmente, esse homem — um médico respeitável com um gosto pelo folclore exótico — afirmou ter livrado a terra de algo perigoso demais para repousar sobre ela.

Entre essas duas escolas de opinião, o leitor deve julgar por si mesmo. Os jornais deram os detalhes tangíveis de um ângulo cético, deixando para outros o desenho da imagem como Robert Blake viu — ou pensou que viu — ou fingiu vê-lo. Agora, estudando o diário de perto, sem impulsos passionais e com calma, vamos resumir a cadeia sombria de eventos do ponto de vista expresso por seu ator principal.

O jovem Blake voltou para Providence no inverno de 1934-1935, ocupando o andar superior de uma venerável residência em um pátio gramado na Rua College — no cume da grande colina a leste, perto do campus da Universidade Brown e atrás da biblioteca de mármore John Hay. Era um lugar aconchegante e fascinante, em um pequeno oásis de jardim antigo parecido com uma vila, onde gatos enormes e amigáveis tomavam sol em cima de um galpão conveniente. A casa quadrada georgiana tinha um telhado de dois níveis, porta clássica com entalhes em leque, janelas pequenas e todas as outras marcas do artesanato do início do século XIX. Dentro, havia portas de seis painéis, tábuas largas no piso, uma escada colonial curva, cornijas brancas do período de Adam e um conjunto de quartos nos fundos, três degraus abaixo do nível do restante da casa.

O escritório de Blake, um grande aposento a sudoeste, dava para o jardim de um dos lados, enquanto suas janelas a oeste — onde ficava sua mesa — davam para o topo da colina e proporcionavam uma vista esplêndida dos telhados da parte baixa da cidade e dos crepúsculos místicos que flamejavam atrás deles. No horizonte distante estavam as encostas roxas do campo aberto. Contra elas, a cerca de três quilômetros de distância, erguia-se a corcova espectral de Federal Hill, eriçada de telhados e campanários amontoados cujos contornos remotos ondulavam misteriosamente, tomando formas fantásticas quando a fumaça da cidade subia e os enredava. Blake teve a curiosa sensação de que ele estava olhando para algum mundo desconhecido e etéreo que poderia ou não desaparecer em sonho se ele tentasse procurá-lo e adentrá-lo pessoalmente.

Tendo mandado buscar a maioria de seus livros, Blake comprou alguns móveis antigos adequados para seus aposentos e se estabeleceu para escrever e pintar — morando sozinho e cuidando ele mesmo das tarefas domésticas simples. Seu estúdio ficava em uma sala do sótão ao norte, onde as vidraças do teto de dois níveis forneciam uma iluminação admirável. Durante aquele primeiro inverno, ele produziu cinco de seus contos mais conhecidos — "O escavador abaixo", "As escadas da cripta", "Shaggai", "No Vale do Pnath" e "A festa das estrelas" — e pintou sete telas; estudos de monstros não humanos sem nome e paisagens profundamente alienígenas e não terrestres.

Ao pôr do sol, ele costumava se sentar à sua mesa e olhar para o oeste com olhar sonhador — as torres escuras do Memorial Hall logo abaixo, o campanário do tribunal georgiano, os altos cumes da parte central da cidade e aquele monte cintilante coroado ao longe, cujas ruas desconhecidas e empenas labirínticas provocavam com tanta força sua fantasia. De seus poucos conhecidos locais, ele soube que a encosta distante era um vasto bairro italiano, embora a maioria das casas fosse remanescente dos velhos tempos ianques e irlandeses. De vez em quando, ele apontava seus binóculos para aquele mundo espectral e inalcançável além da fumaça ondulante; escolhendo telhados, chaminés e campanários individuais, e especulando sobre os mistérios bizarros e curiosos que eles poderiam abrigar. Mesmo com auxílio das lentes, Federal Hill parecia de alguma forma um lugar estranho, meio fabuloso e ligado ao irreal, às maravilhas intangíveis dos próprios contos e fotos de Blake. A sensação persistia por muito tempo depois que a colina se desvanecia no crepúsculo violeta iluminado por estrelas, e os holofotes do tribunal e o farol vermelho do edifício Industrial Trust se acendiam para tornar a noite grotesca.

De todos os objetos distantes em Federal Hill, uma certa igreja enorme e escura era o que mais fascinava Blake. Destacava-se com especial nitidez em certas horas do dia, e ao pôr do sol a grande torre e o campanário afilavam-se negros contra o céu flamejante. Parecia repousar em um terreno especialmente alto, pois a fachada encardida e seu lado norte, com o telhado inclinado e grandes janelas pontiagudas, erguiam-se ousadamente acima do emaranhado das cumeeiras e chaminés ao redor. Peculiarmente sombria e austera, parecia ser construída em pedra, manchada e desgastada pela fumaça e tempestades de um século ou mais. O estilo, até onde o vidro podia mostrar, era a primeira forma experimental de renascimento gótico, que precedeu o imponente período Upjohn e manteve alguns dos contornos e proporções da era georgiana. Talvez tenha sido construída por volta de 1810 ou 1815.

Com o passar dos meses, Blake observou a estrutura distante e proibida com um interesse cada vez maior. Como as grandes janelas nunca ficavam iluminadas, ele sabia que devia estar vazia. Quanto mais ele observava, mais sua imaginação trabalhava, até que finalmente começou a imaginar coisas curiosas. Ele acreditava que uma aura vaga e singular de desolação pairava sobre o lugar, de modo que até os pombos e andorinhas evitavam seus beirais enfumaçados. Ao redor de outras torres e campanários, seu vidro revelava grandes bandos de pássaros, mas aqui eles nunca descansavam. Pelo menos foi isso que ele pensou e anotou em seu diário. Ele mostrou o lugar para vários amigos, mas nenhum deles tinha estado em Federal Hill ou possuía a menor noção de como a igreja foi no passado.

Na primavera, uma profunda inquietação tomou conta de Blake. Ele havia começado seu romance há muito planejado — baseado em uma suposta sobrevivência do culto às bruxas no Maine —, mas era estranhamente incapaz de progredir com ele. Cada vez mais ele se sentava em sua janela oeste e olhava para a colina distante e para o campanário negro e carrancudo evitado pelos pássaros. Quando as folhas delicadas surgiram nos galhos do jardim, o mundo se encheu de uma nova beleza, mas a inquietação de Blake apenas aumentou. Foi então que ele pensou pela primeira vez em atravessar a cidade e subir aquela fabulosa ladeira para o mundo dos sonhos envolto em fumaça.

No final de abril, pouco antes da Noite de Walpurgis, na sombra da eternidade, Blake fez sua primeira viagem ao desconhecido. Arrastando-se pelas intermináveis ruas do centro e pelas praças desoladas e decadentes, ele finalmente chegou à avenida ascendente de degraus seculares, varandas dóricas e cúpulas de vidraças turvas que ele achava que deveriam levar ao mundo há muito conhecido e inalcançável além das brumas. As ruas em um tom desbotado de azul e branco não significavam nada para ele, e logo ele notou os rostos estranhos e escuros das pessoas que vagavam na multidão e as placas estrangeiras penduradas sobre lojas curiosas em prédios marrons desgastados por décadas. Em nenhum lugar ele conseguiu encontrar qualquer um dos objetos que tinha visto de longe; de modo que mais uma vez ele imaginou que o Federal Hill que via a distância era um mundo de sonhos que jamais seria pisado por pés humanos vivos.

De vez em quando, uma fachada de igreja danificada ou uma torre em ruínas surgia à vista, mas nunca a de pedras enegrecidas que ele procurava. Quando perguntou a um lojista sobre uma grande igreja de pedra, o homem sorriu e balançou a cabeça, embora falasse inglês fluentemente. À medida que Blake subia mais alto, a região parecia cada vez mais estranha, com labirintos desconcertantes de becos marrons que conduziam eternamente ao sul. Atravessou duas ou três avenidas largas e, em um momento, pensou ter vislumbrado uma torre familiar. Mais uma vez ele perguntou a um mercador sobre a enorme igreja de pedra, e desta vez ele poderia jurar que a alegação de ignorância era fingida. O rosto do homem moreno tinha uma expressão de medo que ele tentou esconder, e Blake o viu fazer um sinal curioso com a mão direita.

Então, de repente, um pináculo preto se destacou contra o céu nublado à sua esquerda, acima das camadas de telhados marrons que revestiam os emaranhados becos ao sul. Blake soube imediatamente o que era, e mergulhou em sua direção pelas ruas esquálidas e não pavimentadas que saíam da avenida. Por duas vezes ele se perdeu, mas de alguma forma não ousou perguntar a nenhum dos patriarcas ou donas de casa que se sentavam à sua porta, ou a qualquer uma das crianças que gritavam e brincavam na lama das ruas sombrias.

Por fim, ele viu a torre plana contra o Sudoeste, e uma enorme massa de pedra se erguia escura no final de um beco. Logo ele estava em uma praça aberta varrida pelo vento, pitoresca de paralelepípedos, com um muro alto do outro lado. Esse foi o fim de sua busca; pois sobre o amplo planalto coberto de ervas daninhas e grades de ferro que o muro sustentava — um mundo separado e menor erguido a quase dois metros acima das ruas circundantes — havia uma massa titânica e sombria cuja identidade, apesar da nova perspectiva de Blake, era indiscutível.

A igreja vazia estava em um estado de grande decrepitude. Alguns dos altos contrafortes de pedra haviam caído, e vários florões delicados jaziam meio perdidos entre as ervas daninhas e gramados marrons e negligenciados. As janelas góticas fuliginosas estavam praticamente intactas, embora muitos dos montantes de pedra estivessem faltando. Blake se perguntou como as vidraças pintadas de forma obscura poderiam ter sobrevivido tão bem, tendo em vista os hábitos conhecidos dos meninos em todo o mundo. As portas maciças estavam intactas e bem fechadas. Em volta do topo do muro do banco, cercando totalmente o terreno, havia uma cerca de ferro enferrujado cujo portão — no início de um lance de degraus da praça — estava visivelmente trancado com cadeado. O caminho do portão até o prédio estava completamente coberto de mato. Desolação e decadência pairavam como um manto sobre o lugar, e nos beirais sem pássaros e nas paredes negras e sem hera Blake sentiu um toque do tenebroso sinistro que estava além da sua capacidade de definição.

Havia poucas pessoas na praça, mas Blake viu um policial no extremo norte e o abordou com perguntas sobre a igreja. Ele era um irlandês grande e saudável, e parecia estranho que ele fizesse pouco mais do que fazer o sinal da cruz e murmurar que as pessoas nunca falavam daquela igreja. Quando Blake o pressionou, ele disse muito apressadamente que os padres italianos alertaram a todos contra isso, jurando que um mal monstruoso havia morado lá e deixado sua marca. Ele mesmo tinha ouvido relatos sombrios de seu pai, que se lembrava de certos sons e rumores de sua infância.

Havia uma seita por lá nos velhos tempos — uma seita fora da lei que evocava coisas horríveis de algum abismo desconhecido da noite. Foi preciso um bom padre para exorcizar o que foi tramado, embora houvesse quem dissesse que apenas a luz poderia fazê-lo. Se o padre O'Malley estivesse vivo, haveria muitas coisas que ele poderia contar. Mas agora não havia nada a fazer a não ser deixá-lo em paz. Não fazia mal a ninguém agora, e aqueles que o conheceram estavam mortos ou distantes. Eles fugiram como ratos depois da conversa ameaçadora em 1877, quando as pessoas começaram a se importar com o modo como as pessoas desapareciam de vez em quando na vizinhança. Algum dia a prefeitura interviria e tomaria a propriedade por falta de herdeiros legítimos, mas nada de bom poderia sair dali. O melhor seria deixar em paz durante anos e anos para tombar, para não agitar as coisas que deveriam repousar para sempre em seu abismo negro.

Depois que o policial foi embora, Blake ficou olhando para a estrutura desolada de pedra. Ele ficou empolgado ao descobrir que a estrutura parecia tão sinistra para os outros quanto para ele, e se perguntou o que poderia estar por trás das velhas histórias que o policial havia contado. Provavelmente eram meras lendas evocadas pela aparência maligna do lugar, mas, mesmo assim, era como se tivessem um estranho parentesco com suas próprias histórias.

O sol da tarde saía de trás das nuvens que se dispersavam, mas parecia incapaz de iluminar as paredes manchadas e fuliginosas do velho templo que se erguia no terreno elevado. Era estranho que o verde da primavera não tivesse tocado os crescimentos marrons e murchos do pátio elevado e cercado de ferro. Blake se viu se aproximando da área elevada e examinando a parede do banco e a cerca enferrujada em busca de possíveis vias de entrada. Havia uma atração terrível sobre o leque enegrecido que não podia ser resistida. A cerca não tinha abertura perto dos degraus, mas ao redor do lado norte havia algumas barras faltando. Ele podia subir a escada e andar pelo estreito degrau do lado de fora da cerca até chegar à brecha. Se as pessoas temiam tanto o lugar, ele não encontraria interferência.

Quando notaram sua presença, ele estava no aterro, quase na cerca. Então, olhando para baixo, viu as poucas pessoas na praça se afastando e fazendo com a mão direita o mesmo sinal que o lojista da avenida havia feito. Várias janelas foram abertas, e uma mulher gorda correu para a rua e puxou algumas crianças pequenas para dentro de uma casa precária e sem pintura. A abertura na cerca era muito fácil de atravessar, e em pouco tempo Blake se viu andando entre os arbustos apodrecidos e emaranhados do pátio deserto. Aqui e ali o toco gasto de uma lápide lhe dizia que em algum momento houve enterros neste campo; mas isso, ele notou, deve ter sido há muito tempo. A grande massa da igreja era opressiva agora que ele estava perto dela, mas ele venceu seus receios e se aproximou para tentar abrir alguma das três grandes portas da fachada. Todas estavam trancadas com segurança, então ele buscou alguma abertura menor e mais penetrável. Mesmo assim, ele não estava certo de que desejava entrar naquele refúgio de deserção e sombra, mas a atração de sua estranheza o arrastava automaticamente.

Uma janela do porão aberta e desprotegida na parte traseira forneceu a abertura necessária. Espiando, Blake viu um abismo subterrâneo de teias de aranha e poeira levemente iluminada pelos raios filtrados do sol ocidental. Destroços, barris velhos, caixas arruinadas e móveis de vários tipos encontraram seus olhos, embora sobre tudo houvesse uma mortalha de poeira que suavizou todos os contornos nítidos. Os restos enferrujados de uma fornalha de ar quente mostravam que o prédio havia sido usado e mantido em forma até meados da época vitoriana.

Agindo quase sem iniciativa consciente, Blake rastejou pela janela e desceu até o chão de concreto coberto de poeira e detritos. A adega abobadada era vasta, sem divisórias; e em um canto bem à direita, em meio a sombras densas, ele viu uma arcada negra que evidentemente levava ao andar de cima. Ele sentiu uma sensação peculiar de opressão por estar realmente dentro do grande edifício espectral, mas manteve-se sob controle enquanto observava cautelosamente, encontrando um barril ainda intacto em meio à poeira e rolando-o até a janela aberta para providenciar sua saída. Então, preparando-se, ele atravessou o amplo espaço enfeitado com teias de aranha em direção ao arco. Meio sufocado com a poeira onipresente e coberto com fibras fantasmagóricas, ele alcançou e começou a subir os degraus de pedra desgastados que se erguiam na escuridão. Ele não tinha lanterna, mas tateou cuidadosamente com as mãos. Depois de uma curva, ele sentiu uma porta fechada à frente, e um pouco desajeitado revelou seu antigo trinco. Ele abriu a porta e viu um corredor fracamente iluminado forrado de painéis carcomidos.

Uma vez no térreo, Blake começou a explorar rapidamente. Todas as portas internas estavam destrancadas, facilitando a passagem de sala em sala. A nave colossal era um lugar quase sobrenatural, com seus montes de poeira sobre bancos de madeira, altar, púlpito de ampulheta e caixa de ressonância, e suas cordas titânicas de teia de aranha se estendendo entre os arcos pontiagudos da galeria e entrelaçando as colunas góticas agrupadas. Sobre toda essa desolação silenciosa, projetava-se uma horrenda luz plúmbea, à medida que o sol declinante da tarde lançava seus raios pelas estranhas vidraças meio escurecidas das grandes janelas absidais.

As pinturas naquelas janelas estavam tão obscurecidas pela fuligem que Blake mal conseguia decifrar o que elas representavam, mas pelo pouco que conseguia perceber, não gostou delas. Os desenhos eram amplamente convencionais, e seu conhecimento de simbolismo obscuro lhe dizia muito sobre alguns dos padrões antigos. Os poucos santos retratados tinham expressões nitidamente abertas à crítica, enquanto uma das janelas parecia mostrar apenas um espaço escuro com espirais de curiosa luminosidade espalhadas por ele. Afastando-se das janelas, Blake notou que a cruz com teias de aranha acima do altar não era do tipo comum, mas se assemelhava ao *ankh* primordial ou *crux ansata*[31] do Egito Antigo.

Em uma sala da sacristia dos fundos, ao lado da capela principal, Blake encontrou uma mesa podre e prateleiras até o teto cheias de livros mofados e despedaçados. Aqui, pela primeira vez, ele recebeu um choque positivo de horror objetivo, pois os títulos daqueles livros lhe diziam muito. Eram as coisas sombrias e proibidas das quais a maioria das pessoas sãs nunca ouviu falar, ou ouviu falar apenas em sussurros furtivos e tímidos; os repositórios proibidos e temidos de segredos equívocos e fórmulas imemoriais que escorreram pela corrente do tempo desde os dias da juventude do homem, e os dias sombrios e fabulosos antes do homem existir. Ele mesmo havia lido muitos deles — uma versão latina do abominável *Necronomicon*, o sinistro *O Livro de Ivonis*, o infame *Cultos de carniçais* do conde d'Erlette, o *Cultos Inomináveis* de von Junzt, e o infernal *Mistérios do Verme* do velho Ludvig Prinn. Mas havia outros, que

---

31   *Ankh* ou *crux ansata* é uma cruz com uma alça ou arco na parte superior, que no Antigo Egito representava a vida.

ele conhecia apenas pela reputação ou não conhecia — os Manuscritos *Pnakó-ticos*[32], o *Livro de Dzyan*[33] e um volume em ruínas em caracteres totalmente não identificáveis, mas com certos símbolos e diagramas reconhecíveis pelo estudante de ocultismo. Claramente, os rumores locais persistentes não mentiam. Este lugar já foi a sede de um mal mais antigo que a humanidade e mais amplo que o universo conhecido.

Na escrivaninha arruinada, havia um pequeno livro de registros encadernado em couro cheio de anotações feitas por um método criptográfico estranho. A escrita do manuscrito consistia nos símbolos tradicionais comuns usados hoje na astronomia e antigamente na alquimia, astrologia e outras artes duvidosas — as representações do sol, da lua, dos planetas e dos signos do zodíaco —, aqui reunidos em páginas sólidas de texto, com divisões e parágrafos sugerindo que cada símbolo respondia a alguma letra alfabética.

Na esperança de mais tarde resolver o criptograma, Blake guardou esse volume no bolso do casaco. Muitos dos grandes tomos nas prateleiras o fascinavam indizivelmente, e ele se sentiu tentado a tomá-los emprestados mais tarde. Ele se perguntou como eles poderiam ter permanecido imperturbados por tanto tempo. Ele foi o primeiro a vencer o medo penetrante que por quase sessenta anos protegeu esse lugar deserto dos visitantes?

Tendo agora explorado completamente o andar térreo, Blake abriu novamente a poeira da nave espectral até o vestíbulo da frente, onde havia visto uma porta e uma escada que presumivelmente levavam à torre e campanário enegrecidos — objetos há tanto tempo familiares a ele a distância. A subida foi uma experiência sufocante, pois a poeira era espessa, enquanto as aranhas haviam feito o seu pior trabalho nesse lugar apertado. A escada era uma espiral com degraus de madeira altos e estreitos, e de vez em quando Blake passava por uma janela nublada que olhava vertiginosamente a cidade. Embora não tivesse visto cordas lá embaixo, esperava encontrar um sino ou repique de sinos na torre cujas janelas estreitas com persianas seu binóculo estudara com tanta frequência. Aqui ele estava condenado à decepção; pois quando alcançou o topo da escada, encontrou a câmara da torre vazia de sinos, e o lugar era claramente dedicado a propósitos muito diferentes.

---

32   As obras de ficção da literatura misteriosa citadas por Lovecraft aparecem no ciclo de suas obras, conhecido como *Os Mitos de Cthulhu*. Essas obras foram criadas pelo autor com o objetivo de explicar como os personagens dos contos são atraídos para o ocultismo e servem como um importante dispositivo de enredo. Lovecraft citou os Cultos Inomináveis para homenagear o verdadeiro autor dessa obra fictícia, Robert E. Howard.

33   O *Livro de Dzyan* seriam pergaminhos antigos de origem tibetana.

A sala, com cerca de cinco metros quadrados, era fracamente iluminada por quatro janelas de lancetas, uma de cada lado, que eram envidraçadas e cobertas por cortinas e persianas deterioradas. Estas foram equipadas com telas opacas e apertadas, mas estavam agora em grande parte apodrecidas. No centro do chão empoeirado erguia-se um pilar de pedra curiosamente inclinado, com cerca de um metro e meio de altura e dois de diâmetro, coberto de cada lado com hieróglifos bizarros, grosseiramente entalhados e totalmente irreconhecíveis. Sobre esse pilar repousava uma caixa de metal de forma peculiarmente assimétrica; sua tampa articulada jogada para trás e seu interior contendo o que parecia, sob a poeira de uma década de profundidade, ser um objeto em forma de ovo ou esférico irregular com cerca de dez centímetros de diâmetro. Ao redor do pilar, em um círculo tosco, havia sete cadeiras góticas de espaldar alto ainda em grande parte intactas, enquanto atrás delas, percorrendo as paredes de painéis escuros, havia sete imagens colossais de gesso em ruínas pintadas de preto, parecendo, mais do que qualquer outra coisa, com os enigmáticos megálitos[34] esculpidos da misteriosa Ilha de Páscoa. Em um canto da câmara coberta de teias de aranha, uma escada foi construída na parede, levando ao alçapão fechado do campanário sem janelas acima.

Conforme Blake se acostumava com a luz fraca, notou estranhos baixos-relevos na estranha caixa aberta de metal amarelado. Aproximando-se, ele tentou limpar a poeira com as mãos e o lenço, e viu que as figuras eram de um tipo monstruoso e totalmente estranho; retratando entidades que, embora parecessem vivas, não se assemelhavam a nenhuma forma de vida conhecida que tenha evoluído neste planeta. A aparente esfera de dez centímetros revelou-se um poliedro quase preto, estriado em vermelho, com muitas superfícies planas irregulares, ou um cristal muito notável de algum tipo, ou um objeto artificial de matéria mineral esculpida e altamente polida. Ela não tocava o fundo da caixa, mas era mantida suspensa por meio de uma faixa de metal em torno de seu centro, com sete suportes de funcionamento estranho estendendo-se horizontalmente até os ângulos da parede interna da caixa, perto do topo. Essa pedra, uma vez exposta, exerceu sobre Blake uma fascinação quase alarmante. Ele mal conseguia tirar os olhos dela e, ao olhar para suas superfícies brilhantes, imaginou que fosse transparente, com mundos semiformados de maravilhas dentro. Em sua mente flutuavam imagens de orbes alienígenas com grandes torres de pedra, e outros orbes com montanhas titânicas e nenhuma marca de

---

34   Megálitos são pedras de grandes dimensões usadas em monumentos dos tempos pré-históricos.

vida, e espaços ainda mais remotos onde apenas uma agitação na escuridão vaga indicava a presença de consciência e vontade.

Quando ele desviou o olhar, foi para notar um monte de poeira um tanto singular no canto mais distante, perto da escada para o campanário. Ele não sabia dizer exatamente por que isso chamou sua atenção, mas algo em seus contornos trouxe uma mensagem para sua mente inconsciente. Avançando em direção a ela e afastando as teias de aranha penduradas enquanto avançava, ele começou a discernir algo sombrio nela. Sua mão e seu lenço logo revelaram a verdade, e Blake engasgou com uma desconcertante mistura de emoções. Era um esqueleto humano, e deve ter estado lá por muito tempo. A roupa estava em farrapos, mas alguns botões e fragmentos de tecido indicavam um terno cinza masculino. Havia outras evidências — sapatos, fechos de metal, botões enormes para punhos redondos, um alfinete de padrão antigo, um crachá de repórter com o nome do antigo *Providence Telegram* e uma carteira de couro em ruínas. Blake examinou a carteira com cuidado, encontrando dentro dela várias notas de emissão antiga, um calendário publicitário de celuloide de 1893, alguns cartões com o nome "Edwin M. Lillibridge" e um papel coberto com memorandos a lápis.

Esse papel tinha uma natureza muito intrigante, e Blake o leu cuidadosamente sob a luz fraca da janela da face oeste. Seu texto desconexo incluía frases como as seguintes:

"Prof. Enoch Bowen voltou para casa do Egito em maio de 1844 — compra a antiga Igreja do Livre Arbítrio em julho — seu trabalho arqueológico e estudos em ocultismo são bem conhecidos."

"Dr. Drowne da 4ª Batista adverte contra a Sabedoria Estrelada no sermão de 29 de dezembro de 1844."

"Congregação 97 até o final de 1845."

"1846 — 3 desaparecimentos — primeira menção ao Trapezoedro Brilhante."

"7 desaparecimentos em 1848 — histórias de sacrifício de sangue começam."

"Investigação 1853 não dá em nada — histórias de sons."

"Frei O'Malley fala de adoração ao diabo — caixa encontrada em grandes ruínas egípcias — diz que eles invocam algo que não pode existir na luz. Foge um pouco de luz e é banido por uma luz forte. Então tem que ser convocado novamente. Provavelmente conseguiu isso da confissão no leito de morte de Francis X. Feeney, que se juntou à Sabedoria Estrelada em 1849. Essas pessoas dizem que o Trapezoedro Brilhante lhes mostra o céu e outros mundos, e que o Assombrador das Trevas lhes conta segredos de alguma forma."

"História de Orrin B. Eddy 1857. Eles a chamam olhando para o cristal e têm uma linguagem secreta própria."

"200 ou mais na congregação em 1863, exclusivamente homens à frente."

"Rapazes irlandeses invadem igreja em 1869 após o desaparecimento de Patrick Regan."

"Artigo velado no jornal em 14 de março de 1872, mas as pessoas não falam sobre isso."

"6 desaparecimentos em 1876 — o comitê secreto chama o prefeito Doyle."

"Ação prometida em fevereiro de 1877 — a igreja fecha em abril."

"Gangue — Federal Hill Boys — ameaça o Dr. — e sacristãos em maio."

"181 pessoas deixaram a cidade antes do fim de 1877 — nenhuma menção de nomes."

"As histórias de fantasmas começam por volta de 1880 — tentar verificar a verdade do relato de que nenhum ser humano entrou na igreja desde 1877."

"Peça a Lanigan uma fotografia do lugar tirada em 1851."

Colocando o papel na carteira e guardando em seu casaco, Blake se virou para olhar para o esqueleto na poeira. As implicações das notas eram claras, e não havia dúvida de que aquele homem viera ao edifício deserto quarenta e dois anos antes em busca de uma sensação jornalística que ninguém mais tivera a coragem de tentar. Talvez ninguém mais soubesse de seu plano — quem poderia dizer? Mas ele nunca havia retornado ao seu jornal. Algum medo corajosamente reprimido surgiu para dominá-lo e causar um súbito colapso cardíaco? Blake se inclinou sobre os ossos brilhantes e notou seu estado peculiar. Alguns deles estavam muito dispersos, e alguns pareciam estranhamente dissolvidos nas extremidades. Outros estavam estranhamente amarelados, com vagas sugestões de carbonização. Essa carbonização se estendeu a alguns dos fragmentos de roupas. O crânio estava em um estado muito peculiar — manchado de amarelo e com uma abertura carbonizada no topo, como se algum ácido poderoso tivesse devorado o osso sólido. O que aconteceu com o esqueleto durante suas quatro décadas de sepultamento silencioso naquele lugar, Blake não podia imaginar.

Antes que ele percebesse, estava olhando para a pedra novamente e deixando que sua curiosa influência despertasse uma pompa nebulosa em sua mente. Ele viu procissões de figuras de mantos e capuzes cujos contornos não eram humanos, e olhou para intermináveis léguas de deserto ladeadas por monólitos esculpidos que alcançavam o céu. Ele viu torres e muros nas profundezas noturnas sob o mar, e vórtices do espaço em que nuvens pretas flutuavam diante de finos vislumbres de névoa púrpura fria. E, além de tudo, ele vislumbrou um abismo infinito de escuridão, onde formas sólidas e semissólidas eram conhecidas apenas por suas agitações ventosas, e padrões nebulosos de força pareciam sobrepor ordem ao caos e oferecer uma chave para todos os paradoxos e arcanos dos mundos que conhecemos.

Então, de repente, o feitiço foi quebrado por um acesso de pânico indeterminado e corrosivo. Blake engasgou e se afastou da pedra, consciente de alguma presença alienígena disforme perto dele e observando-o com uma intenção horrível. Sentia-se enredado em algo — algo que não estava na pedra, mas que o olhara através dela —, algo que o seguiria incessantemente com uma cognição que não era a visão física. Claramente, o lugar estava lhe dando nos nervos — como deveria, em vista de seu achado horrível. A luz também estava diminuindo, e como não tinha nenhuma lanterna com ele, sabia que teria de partir em breve.

Foi então, no crepúsculo que se aproximava, que ele pensou ter visto um leve traço de luminosidade na pedra singularmente inclinada. Ele tentou desviar o olhar, mas alguma obscura compulsão atraiu seus olhos de volta. Havia uma fosforescência sutil de radioatividade na coisa? O que as anotações do morto diziam sobre um Trapezoedro Brilhante? O que, afinal, era esse covil abandonado do mal cósmico? O que tinha sido feito aqui, e o que ainda poderia estar à espreita nas sombras evitadas pelos pássaros? Parecia agora que um toque indescritível de fedor havia surgido em algum lugar próximo, embora sua fonte não fosse aparente. Blake agarrou a tampa da caixa aberta há muito tempo e a abaixou. O mecanismo moveu-se facilmente em suas dobradiças alienígenas e se fechou completamente sobre a pedra inconfundivelmente brilhante.

Com o clique agudo daquele fechamento, um som suave e agitado pareceu vir da escuridão eterna do campanário acima, além do alçapão. Ratos, sem dúvida, os únicos seres vivos a revelar sua presença nesta pilha maldita desde que ele entrou nela. Aquela agitação no campanário o assustou terrivelmente, de modo que ele mergulhou quase descontroladamente pelas escadas em espiral, atravessando a nave macabra, para o porão abobadado, em meio ao crepúsculo da praça deserta, e desceu pelas fervilhantes e assustadoras vielas e avenidas assombradas de Federal Hill em direção às ruas centrais e às calçadas de tijolos do distrito universitário.

Durante os dias que se seguiram, Blake não contou a ninguém sobre sua expedição. Em vez disso, lia muito, examinava longos anos de arquivos de jornais no centro da cidade e trabalhava febrilmente no criptograma daquele volume de couro da sala da sacristia coberta de teias de aranha. A cifra, ele logo viu, não era simples; e depois de um longo período de esforço, ele teve certeza de que seu idioma não poderia ser inglês, latim, grego, francês, espanhol, italiano ou alemão. Evidentemente teria de recorrer aos poços mais profundos de sua estranha erudição.

Todas as noites o velho impulso de olhar para o oeste voltava, e ele via o campanário negro de outrora entre os telhados eriçados de um mundo distante e fabuloso. Mas agora continha uma nova nota de terror para ele. Ele conhecia a herança do conhecimento maligno que ele mascarava e, com o conhecimento, sua visão se descontrolou de maneiras novas e estranhas. Os pássaros da primavera estavam retornando, e enquanto ele observava seus voos ao pôr do sol, imaginou que eles evitavam o pináculo esquelético e solitário como nunca antes. Quando um bando deles se aproximasse, ele pensou, eles iriam girar e se espalhar em confusão de pânico, e ele podia adivinhar os gorjeios selvagens que não conseguiriam alcançá-lo através dos quilômetros intermediários.

Foi em junho que o diário de Blake contou sobre sua vitória sobre o criptograma. O texto estava, ele descobriu, no macabro idioma aklo[35], usado por certos cultos da antiguidade maligna e conhecido por ele de maneira hesitante através de pesquisas anteriores. O diário é estranhamente reticente sobre o que Blake decifrou, mas ele ficou visivelmente impressionado e desconcertado com seus resultados. Há referências a um *Habitante das Trevas* despertado por quem olhava para o Trapezoedro Brilhante e conjecturas insanas sobre os abismos negros do caos de onde foi chamado. Fala-se do ser como detentor de todo o conhecimento e exigindo sacrifícios monstruosos. Algumas das anotações de Blake mostram medo de que a coisa, que ele parecia considerar já evocada, espreitasse; embora acrescente que as luzes da rua formam um baluarte que não pode ser cruzado.

Do Trapezoedro Brilhante ele fala muitas vezes, chamando-o de uma janela para todo o tempo e espaço, e traçando sua história desde os dias em que foi formado no escuro Yuggoth, antes mesmo que os Antigos o trouxessem à Terra. Foi guardado como um tesouro e colocado em sua curiosa caixa pelas coisas crinoides da Antártida, resgatado de suas ruínas pelos homens-serpente da Valúsia[36] e observado eras mais tarde na Lemúria[37] pelos primeiros seres

---

35   Aklo é um idioma e também um sistema de códigos que contém magia oculta citado pela primeira vez em um conto de horror de Arthur Machen.

36   Valúsia é um país fictício das histórias de Kull, o personagem de Robert Ervin Howard.

37   Lemúria é um dos continentes extintos, considerados por muitos como o paraíso perdido.

humanos. Atravessou terras estranhas e mares ainda mais estranhos, e afundou com a Atlântida antes que um pescador minoico o enredasse em sua rede e o vendesse a mercadores morenos do sombrio Khem[38]. O faraó Nephren-Ka construiu em torno dele um templo com uma cripta sem janelas, o que fez com que seu nome fosse riscado de todos os monumentos e registros. Então dormiu nas ruínas daquele jogo maligno que os sacerdotes e o novo faraó destruíram, até que a pá do explorador mais uma vez o trouxe para amaldiçoar a humanidade.

No início de julho, os jornais complementaram de forma bizarra as anotações de Blake, embora de forma tão breve e casual que apenas o autor do diário chamou a atenção para tal contribuição. Parece que um novo medo estava crescendo em Federal Hill desde que um estranho entrou na temida igreja. Os italianos sussurravam sobre movimentos, pancadas e arranhões inusitados no campanário escuro e sem janelas, e pediam a seus padres que banissem uma entidade que assombrava seus sonhos. Alguma coisa, eles diziam, estava constantemente vigiando uma porta para ver se estava escuro o suficiente para se aventurar. Notícias da imprensa mencionaram as superstições locais de longa data, mas não conseguiram lançar muita luz sobre os antecedentes do horror. Era óbvio que os jovens repórteres de hoje não são antiquários. Ao escrever essas coisas em seu diário, Blake expressa um tipo curioso de remorso, e fala do dever de enterrar o Trapezoedro Brilhante e de banir o que ele havia evocado ao deixar a luz do dia entrar na hedionda torre saliente. Ao mesmo tempo, porém, ele mostra a perigosa extensão de seu fascínio e admite um desejo mórbido — que permeia até seus sonhos — de visitar a torre amaldiçoada e contemplar novamente os segredos cósmicos da pedra brilhante.

Então algo no jornal da manhã de 17 de julho lançou o escritor em uma verdadeira febre de horror. Era apenas uma variante dos outros itens meio humorísticos sobre a inquietação de Federal Hill, mas para Blake era de certa forma muito terrível. À noite, uma tempestade havia deixado o sistema de iluminação da cidade fora de serviço por uma hora inteira, e nesse intervalo os italianos quase enlouqueceram de medo. Os que moravam perto da temida igreja juravam que a coisa no campanário se aproveitou da ausência dos postes de luz e desceu para o corpo da igreja, tropeçando e se sacudindo de uma maneira viscosa, totalmente terrível. Perto do final, ela havia batido na torre, onde havia sons de vidro se estilhaçando. Poderia ir aonde quer que a escuridão chegasse, mas a luz sempre a faria fugir.

---

38   Khem é um dos muitos nomes pelo qual o antigo povo do Egito chamava seu país.

Quando a energia voltou, houve outra barulheira assustadora na torre, pois até mesmo a luz tênue que pingava pelas janelas enegrecidas de sujeira e persianas era demais para a coisa. Ela havia voltado para seu campanário tenebroso bem a tempo — pois uma longa dose de luz a teria enviado de volta ao abismo de onde o estranho maluco a tirara. Durante a hora escura, multidões em oração se aglomeraram ao redor da igreja, na chuva, com velas acesas e lâmpadas de alguma forma protegidas com papel dobrado e guarda-chuvas. Certa vez, declararam os mais próximos da igreja, a porta externa havia sacudido horrivelmente.

Mas mesmo isso não foi o pior. Naquela noite, Blake leu no Boletim de Notícias sobre o que os repórteres haviam encontrado. Atraídos por fim pelo valor jornalístico do pânico que dominava a cidade, dois deles desafiaram a multidão frenética de italianos e se arrastaram para dentro da igreja pela janela do porão, depois de tentarem em vão as portas. Encontraram o pó do vestíbulo e da nave espectral arado de maneira singular, com pedaços de almofadas podres e forros de cetim espalhados curiosamente ao redor. Havia um cheiro ruim por toda parte, e aqui e ali havia manchas amarelas e manchas que pareciam carbonizadas. Quando abriram a porta da torre, pararam por um momento com a suspeita de um som de algo se arrastando acima, e encontraram a estreita escada em espiral completamente limpa.

Na própria torre havia a mesma impressão de que o local tinha sido varrido. Falavam do pilar de uma pedra heptagonal, das cadeiras góticas viradas e das bizarras imagens de gesso; embora estranhamente a caixa de metal e o velho esqueleto mutilado não tenham sido mencionados. O que mais perturbou Blake — exceto pelos indícios de manchas, carbonização e maus odores — foi o detalhe final que explicava o vidro quebrado. Todas as janelas de lanceta da torre estavam quebradas, e duas delas tinham sido escurecidas de maneira grosseira e apressada pelo enchimento de forros de cetim e crina de cavalo nos espaços entre as venezianas externas oblíquas. Mais fragmentos de cetim e cachos de crina de cavalo estavam espalhados pelo chão varrido, como se alguém tivesse sido interrompido no ato de restaurar a torre à escuridão absoluta de seus dias de cortinas fechadas.

Manchas amareladas e pontos chamuscados foram encontrados na escada que dava para o campanário sem janelas, mas quando um repórter subiu, abriu o alçapão horizontal e disparou um fraco feixe de lanterna no espaço preto e estranhamente fétido, ele não viu nada além de escuridão e uma camada heterogênea de fragmentos disformes perto da abertura. O veredito, é claro, foi charlatanismo. Alguém havia pregado uma peça nos supersticiosos moradores das colinas, ou então algum fanático havia se esforçado para aumentar o medo das pessoas, supostamente para o bem delas. Ou talvez alguns dos moradores mais jovens e mais sofisticados tivessem encenado uma farsa elaborada. Houve um desdobramento interessante quando a polícia enviou um oficial para verificar os relatos. Três homens em sucessão encontraram maneiras de fugir da missão, e o quarto foi com muita relutância e voltou logo, sem acrescentar nada ao relato dos repórteres.

Desse ponto em diante, o diário de Blake mostra uma onda crescente de horror insidioso e apreensão nervosa. Ele se repreende por não fazer algo e especula descontroladamente sobre as consequências de outro colapso elétrico. Verificou-se que em três ocasiões — durante tempestades — ele telefonou para a companhia de luz elétrica e pediu que fossem tomadas precauções desesperadas contra um corte de energia. De vez em quando, suas anotações mostram preocupação com o fracasso dos repórteres em encontrar a caixa de metal e a pedra, e o velho esqueleto estranhamente danificado, quando exploraram a sombria sala da torre. Ele assumiu que essas coisas haviam sido removidas — para onde e por quem, ele só podia adivinhar. Mas seus piores medos diziam respeito a si mesmo e ao tipo de relacionamento profano que ele sentia existir entre sua mente e aquele horror à espreita no campanário distante — aquela coisa monstruosa da noite que sua imprudência havia invocado dos últimos espaços negros. Ele parecia sentir um constante bombardeio em sua vontade, e os visitantes daquele período lembram como ele se sentava distraidamente em sua mesa e olhava pela janela oeste para aquele monte distante e eriçado além da fumaça rodopiante da cidade. Suas anotações se concentravam monotonamente em certos sonhos terríveis e no fortalecimento do relacionamento profano em seu sono. Há menção de uma noite em que ele acordou e se viu completamente vestido, ao ar livre, e desceu automaticamente para College Hill em direção ao oeste. Repetidamente ele insiste no fato de que a coisa no campanário sabia onde encontrá-lo.

A semana seguinte a 30 de julho é lembrada como o momento do colapso parcial de Blake. Ele não se vestiu e pediu toda a comida por telefone. Os visitantes observavam as cordas que ele mantinha perto da cama, e ele dizia que o sonambulismo o forçava a amarrar os tornozelos todas as noites com nós, que provavelmente o prenderiam ou o acordariam com o trabalho de desamarrá-los.

Em seu diário, ele contou a terrível experiência que o levou ao colapso. Depois de se retirar na noite do dia 30, ele de repente se viu tateando um espaço quase escuro. Tudo o que ele podia ver eram faixas horizontais de luz azulada, fracas e curtas, mas ele podia sentir o cheiro de um fedor avassalador e ouvir uma curiosa confusão de sons suaves e furtivos acima dele. Sempre que se movia, tropeçava em alguma coisa, e a cada ruído vinha uma espécie de som de resposta vindo de cima — uma vaga agitação, misturada com o deslizamento cauteloso de madeira sobre madeira.

Certa vez, suas mãos tateantes encontraram um pilar de pedra com um topo vazio, enquanto mais tarde ele se viu agarrado aos degraus de uma escada embutida na parede, tateando seu caminho incerto para cima, em direção a alguma região de fedor mais intenso, onde uma explosão quente e abrasadora se lançou contra ele. Diante de seus olhos passava uma série caleidoscópica de imagens fantasmagóricas, todas elas se dissolvendo em intervalos na imagem de um vasto e insondável abismo de noite, onde rodopiavam sóis e mundos de uma escuridão ainda mais profunda. Ele pensou nas antigas lendas do Caos Supremo, em cujo centro se estende o deus cego e idiota Azathoth, Senhor de Todas as Coisas, cercado por sua horda de dançarinos amorfos e estúpidos, e embalado por uma flauta demoníaca segurada por patas inomináveis.

Então um estampido agudo do mundo exterior rompeu seu estupor e despertou-o para o horror indescritível de sua posição. O que era, ele nunca soube — talvez fosse algum repique tardio dos fogos de artifício ouvidos durante todo o verão em Federal Hill, enquanto os moradores saudavam seus vários santos padroeiros, ou os santos de suas aldeias nativas na Itália. De qualquer forma, ele gritou alto, desceu freneticamente a escada e tropeçou cegamente pelo piso obstruído da câmara quase sem luz que o cercava.

Ele soube instantaneamente onde estava e mergulhou imprudentemente pela estreita escada em espiral, tropeçando e se machucando a cada curva. Houve uma fuga digna de pesadelo através da vasta nave coberta de teias de aranha cujos arcos fantasmagóricos alcançavam reinos de sombra lasciva, uma corrida cega por um porão cheio de lixo, uma escalada para regiões de ar e luzes de rua lá fora, e uma corrida louca por uma colina espectral de frontões balbuciantes, atravessando uma cidade sombria e silenciosa de altas torres negras, e subindo o precipício íngreme a leste até sua própria porta antiga.

Ao recobrar a consciência pela manhã, ele se viu deitado no chão do escritório completamente vestido. Sujeira e teias de aranha o cobriam, e cada centímetro de seu corpo parecia dolorido e machucado. Quando olhou para o espelho, viu que seu cabelo estava muito queimado, enquanto um traço de odor estranho e maligno parecia impregnado em sua roupa. Foi então que ele teve um colapso nervoso. Depois disso, descansando exausto em um roupão, ele fez pouco além de olhar de sua janela oeste, estremecer com a ameaça de trovão e fazer anotações selvagens em seu diário.

A grande tempestade desabou pouco antes da meia-noite de 8 de agosto. Relâmpagos caíram repetidamente em todas as partes da cidade, e duas notáveis bolas de fogo foram relatadas. A chuva era torrencial, enquanto uma fuzilaria constante de trovões trouxe insônia a milhares. Blake estava totalmente frenético em seu medo pelo sistema de iluminação e tentou ligar para a empresa por volta da 1 da manhã, embora a essa altura o serviço tivesse sido temporariamente interrompido por motivos de segurança. Ele registrou tudo em seu diário — os hieróglifos grandes, nervosos e muitas vezes indecifráveis contando sua própria história de crescente frenesi e desespero, e de entradas rabiscadas cegamente no escuro.

Ele teve que manter a casa escura para poder ver pela janela, e parece que a maior parte de seu tempo foi gasto em sua mesa, olhando ansiosamente através da chuva e dos quilômetros reluzentes de telhados do centro da cidade para a constelação de luzes distantes de Federal Hill. De vez em quando ele fazia uma anotação desajeitada em seu diário, de modo que frases soltas, como "As luzes não devem se apagar"; "Ele sabe onde estou"; "Devo destruí-lo"; e "Ele está me chamando, mas talvez não signifique nenhum dano desta vez", encontram-se espalhadas por duas das páginas.

Então as luzes se apagaram por toda a cidade. Aconteceu às 2h12, de acordo com os registros da casa de força, mas o diário de Blake não dá nenhuma indicação da hora. A anotação é meramente: "Luzes apagadas — Deus me ajude". Em Federal Hill havia observadores tão ansiosos quanto ele, e grupos de homens encharcados de chuva desfilavam pela praça e becos ao redor da igreja maligna com velas protegidas por guarda-chuvas, lanternas elétricas, lampiões a óleo, crucifixos e outros amuletos obscuros muito comuns no sul da Itália. Eles bendiziam cada relâmpago e fizeram sinais enigmáticos de medo com a mão direita quando uma mudança na tempestade fez com que os raios diminuíssem e finalmente cessassem completamente. Um vento crescente apagou a maioria das velas, de modo que a cena ficou ameaçadoramente escura. Alguém despertou o Padre Merluzzo da Igreja Espírito Santo, e ele se apressou para a praça sombria para pronunciar todas as sílabas úteis que pudesse. Dos sons inquietos e curiosos na torre enegrecida, não havia dúvida alguma.

Para o que aconteceu às 2h35, temos o testemunho do padre, jovem, inteligente e culto; do patrulheiro William J. Monahan, da Estação Central, um oficial da mais alta confiabilidade que havia parado naquela parte de sua ronda para inspecionar a multidão; e da maioria dos setenta e oito homens que se reuniram ao redor do muro alto da igreja — especialmente aqueles que estavam na praça onde a fachada leste era visível. É claro que não havia nada que pudesse ser provado fora da ordem da natureza. As possíveis causas de tal evento são muitas. Ninguém pode falar com certeza dos processos químicos obscuros que surgem em um edifício vasto, antigo, mal arejado e há muito deserto de conteúdos heterogêneos. Vapores mefíticos — combustão espontânea — pressão de gases nascidos de uma longa decomposição — qualquer um dos inúmeros fenômenos pode ser responsável. E depois, é claro que o fator do charlatanismo consciente não pode de forma alguma ser excluído. A coisa era realmente muito simples em si mesma e cobria menos de três minutos de tempo real. O padre Merluzzo, sempre um homem preciso, olhou várias vezes para o relógio.

Começou com um aumento definitivo dos sons surdos e desajeitados dentro da torre negra. Houve por algum tempo uma vaga exalação de odores estranhos e malignos da igreja, e isso agora se tornou enfático e ofensivo. Então, finalmente, ouviu-se um som de madeira se estilhaçando, e um objeto grande e pesado caiu no pátio, sob a carrancuda fachada leste. A torre estava invisível agora que as velas não queimavam, mas quando o objeto se aproximou do chão, as pessoas souberam que era a cortina de persiana suja de fumaça da janela leste daquela torre.

Imediatamente depois, um fedor totalmente insuportável brotou das alturas invisíveis, sufocando e enojando os observadores trêmulos, e quase prostrando os que estavam na praça. Ao mesmo tempo, o ar estremeceu com uma vibração de asas batendo, e um súbito vento leste, mais violento do que qualquer rajada anterior, arrancou os chapéus e os guarda-chuvas gotejantes da multidão. Nada de definitivo podia ser visto na noite sem velas, embora alguns espectadores olhando para cima pensassem ter vislumbrado um grande borrão de escuridão mais densa contra o céu escuro — algo como uma nuvem de fumaça disforme que disparou com velocidade de meteoro em direção ao leste.

Isso foi tudo. Os observadores estavam entorpecidos de medo, espanto e desconforto, e mal sabiam o que fazer, ou se deveriam fazer alguma coisa. Sem saber o que havia acontecido, eles não relaxaram a vigília; e um momento depois deram graças a Deus quando um clarão agudo de relâmpago atrasado, seguido por um estrondo ensurdecedor, rasgou o céu. Meia hora depois, a chuva parou, e, em quinze minutos, as luzes da rua se acenderam novamente, enviando os observadores cansados e enlameados de volta para suas casas.

Os jornais do dia seguinte deram a esses assuntos uma menção menor em relação aos relatórios gerais de tempestades. Parece que o grande relâmpago e a explosão ensurdecedora que se seguiram à ocorrência de Federal Hill foram ainda mais tremendos mais a leste, onde uma explosão de fedor singular também foi notada. O fenômeno foi mais marcante em College Hill, onde o acidente despertou todos os habitantes adormecidos e levou a uma confusa rodada de especulações. Daqueles que já estavam acordados, apenas alguns viram o clarão anômalo de luz perto do topo da colina ou notaram a inexplicável rajada de ar ascendente que quase arrancou as folhas das árvores e explodiu as plantas nos jardins. Concordou-se que o relâmpago solitário e repentino deve ter caído em algum lugar nesta vizinhança, embora nenhum vestígio de seu impacto tenha sido encontrado depois. Um jovem na casa da fraternidade Tau Omega pensou ter visto uma massa grotesca e hedionda de fumaça no ar assim que o flash preliminar estourou, mas sua observação não foi verificada. Todos os poucos observadores, no entanto, concordam com a violenta rajada do oeste e a enxurrada de fedor intolerável que precedeu o impacto tardio; enquanto a evidência sobre o odor momentâneo de queimado após o impacto é igualmente geral.

Esses pontos foram discutidos com muito cuidado por causa de sua provável conexão com a morte de Robert Blake. Os alunos da casa Psi Delta, cujas janelas traseiras superiores davam para o escritório de Blake, notaram a presença de um rosto branco embaçado na janela oeste na manhã do dia 9 e perceberam que havia algo errado com a expressão. Quando viram o mesmo rosto na mesma posição naquela noite, ficaram preocupados e esperaram as luzes se acenderem no apartamento. Mais tarde, eles tocaram a campainha do apartamento escuro e, finalmente, um policial arrombou a porta.

O corpo rígido estava sentado na escrivaninha perto da janela, e quando os intrusos viram os olhos vidrados e esbugalhados, e as marcas de medo austero e convulsivo nas feições retorcidas, eles se viraram em desânimo doentio. Pouco depois, o médico legista fez um exame e, apesar da janela intacta, relatou choque elétrico, ou tensão nervosa induzida por descarga elétrica, como a causa da morte. A expressão hedionda ele ignorou por completo, considerando-a um resultado não improvável do profundo choque experimentado por uma pessoa de imaginação tão anormal e emoções desequilibradas. Ele deduziu essas últimas qualidades dos livros, pinturas e manuscritos encontrados no apartamento, e das anotações rabiscadas cegamente no diário sobre a mesa. Blake havia prolongado suas anotações frenéticas até o fim, e o lápis de ponta quebrada foi encontrado agarrado em sua contração espasmódica na mão direita.

As anotações após a queda da energia elétrica eram altamente desconexas e legíveis apenas em parte. Certos investigadores tiraram conclusões muito diferentes do veredito oficial, mas tais especulações têm pouca chance de credibilidade entre os conservadores. O caso desses teóricos imaginativos não foi ajudado pela ação do supersticioso Dr. Dexter, que jogou a curiosa caixa e a pedra angular — um objeto certamente com luminosidade própria, como visto no campanário preto sem janelas onde foi encontrado — no canal mais profundo da Baía de Narragansett. Excesso de imaginação e desequilíbrio neurótico por parte de Blake, agravados pelo conhecimento do culto maléfico passado, cujos vestígios surpreendentes ele havia descoberto, formam a interpretação dominante dada a essas anotações frenéticas finais. Essas são as anotações — ou tudo o que pode ser feito delas.

"As luzes ainda estão apagadas, devem ser cinco minutos agora. Tudo depende do raio. Que Yaddith[39] os mantenha!... Algum poder parece pulsar através dele... Chuva, trovões e ventos ensurdecedores... A coisa está tomando conta da minha mente...

"Problemas com a memória. Eu vejo coisas que eu nunca soube antes. Outros mundos e outras galáxias... Escuro... O relâmpago parece escuro e a escuridão parece leve...

"Não pode ser a verdadeira colina e igreja que vejo na escuridão. Deve ser impressão retiniana deixada por flashes. Queira Deus que os italianos saiam com suas velas se o relâmpago parar!

"Do que eu tenho medo? Não é um avatar de Nyarlathotep, que no antigo e sombrio Khem até assumiu a forma de homem? Lembro-me de Yuggoth, e de Shaggai mais distante, e do vazio supremo dos planetas negros...

"O voo longo e alado através do vazio... não pode cruzar o universo de luz... recriado pelos pensamentos capturados no Trapezoedro Brilhante... enviá-lo através dos abismos horríveis de esplendor...

"Meu nome é Blake — Robert Harrison Blake de 620 East Knapp Street, Milwaukee, Wisconsin... Eu estou neste planeta...

"Azathoth, tenha piedade! — o relâmpago não pisca mais — horrível — eu posso ver tudo com um sentido monstruoso que não é visão — luz é escuridão e escuridão é luz... aquelas pessoas no morro... guarda... velas e amuletos... seus sacerdotes...

"A sensação de distância se foi — longe está perto e perto está longe. Sem luz — sem vidro — veja aquele campanário — aquela torre — janela — posso ouvir — Roderick Usher — estou louco ou enlouquecendo — a coisa está se mexendo e se atrapalhando na torre — eu sou e sou eu — quero sair... devo sair e unificar as forças... Ele sabe onde estou...

---

39   Yaddith é um planeta criado por Lovecraft.

"Sou Robert Blake, mas vejo a torre no escuro. Há um odor monstruoso... sentidos transfigurados... embarcar naquela janela da torre rachando e cedendo... Ia... não... ygg...

"Eu vejo — está vindo — vento infernal — borrão titânico — asas negras — Yog-Sothoth[40] me salve — o olho ardente de três lóbulos..."

---

40   Yog-Sothoth é uma divindade que habita o mundo criado por Lovecraft.

A CIDADE SEM NOME (1921)

Quando me aproximei da cidade sem nome, sabia que era amaldiçoada. Eu estava viajando em um vale árido e terrível sob a lua, e de longe eu a vi se projetando estranhamente acima das areias, como partes de um cadáver podem se projetar de uma sepultura malfeita. O medo estava nas pedras gastas da idade dessa sobrevivente do dilúvio, essa bisavó da pirâmide mais antiga; e uma aura invisível me repeliu e me fez recuar frente aos segredos antigos e sinistros que nenhum homem deveria ver.

Remota, entre os desertos da Arábia, jaz a cidade sem nome, ruinosa e muda, seus muros baixos quase escondidos sob as areias de eras incontáveis. E já deviam estar assim antes que as primeiras pedras de Mênfis fossem assentadas e antes mesmo que os tijolos da Babilônia fossem cozidos. Não há lenda velha o bastante para lhe dar um nome ou para recordar que ela já esteve viva alguma vez; mas fala-se dela aos sussurros em volta das fogueiras, ou anciãs murmuram a seu respeito nas tendas dos sheiks, de modo que todas as tribos a evitam sem sequer saberem por quê. Foi com esse lugar que Abdul Alhazred, o poeta louco, sonhou certa noite, antes de cantar o seu dístico inexplicável:

"Não está morto o que pode permanecer eternamente,

E com estranhas eras até a morte pode morrer."

Eu deveria saber que os árabes tinham boas razões para evitar a cidade sem nome, a cidade contada em histórias estranhas, mas que jamais fora vista por nenhum homem vivo; e mesmo assim os desafiei, explorando com meu camelo o deserto intocado. Somente eu a tinha visto, e eis por que nenhuma outra face exibe sulcos de medo tão assustadores quanto a minha; e eis por que nenhum outro homem estremece tão horrivelmente quando o vento noturno chacoalha as janelas. Quando me deparei com ela na quietude fantasmagórica de um sono interminável, ela me olhou, sob os raios de uma lua fria, em pleno coração do deserto. E, quando devolvi o olhar, esqueci meu triunfo por a ter encontrado e estaquei com meu camelo para esperar o amanhecer.

Durante horas esperei, até que o leste se tornou cinzento e as estrelas desvaneceram, e o cinza se transformou em uma luz rosada com bordas douradas. Ouvi um lamento e vi uma tempestade de areia se movendo em meio às pedras antigas, apesar do céu claro e da quietude do deserto. Então, de súbito, por sobre a fímbria remota do deserto, surgiu a borda ardente do sol, vista através da pequena tempestade de areia que foi se desfazendo; e no meu estado febril imaginei que dessa mesma profundeza distante provinha um estrondo metálico de sons musicais, para saudar o disco feroz, tal como Memnon[41] o saúda a partir das margens do Nilo. Meus ouvidos zumbiam e minha imaginação fervia enquanto eu conduzia meu camelo lentamente pela areia até aquele lugar de pedra sem voz; aquele lugar velho demais para o Egito e Meroé[42] lembrarem; aquele lugar que eu, o único dos homens vivos, tinha visto.

Vaguei por entre as fundações informes de casas e palácios, nunca encontrando uma escultura ou inscrição que falasse daqueles homens, se fossem homens, que construíram a cidade e nela habitaram há tanto tempo. A antiguidade do lugar era mórbida, e eu ansiava por encontrar algum sinal ou indício que provasse que a cidade fora, de fato, criada pela humanidade. Havia certas proporções e dimensões nas ruínas de que não gostei. Trazendo comigo diversas ferramentas, escavei entre as paredes dos edifícios obliterados; mas o progresso era lento, e nada de significativo se revelou. Quando a noite e a lua voltaram, senti um vento frio que renovou o medo, de modo que não me atrevi a permanecer na cidade. E, quando fui me retirando de entre as paredes para dormir, uma pequena tempestade de areia, com um suspiro, se formou atrás de mim, soprando por cima das pedras cinzentas, embora a lua estivesse clara e o deserto quase inteiramente quieto.

Acordei de madrugada, despertando de uma sequência de sonhos horríveis, meus ouvidos zunindo como o som de algum repique metálico. Vi o sol espreitar vermelho através das últimas rajadas de uma pequena tempestade de areia que pairava sobre a cidade sem nome e marcava a quietude do resto da paisagem. Mais uma vez me aventurei através das ruínas ameaçadoras cujas formas despontavam sob a areia tal como um ogro sob um lençol, e novamente cavei, em vão, à procura de relíquias da raça esquecida. Ao meio-dia descansei, e à tarde passei longo tempo seguindo o traçado das paredes e das ruas há muito desaparecidas, bem como os contornos dos edifícios desfeitos. Percebi

---

41   Memnon é uma das figuras centrais da mitologia grega, descrito como o rei da Etiópia.
42   Meroé é uma antiga cidade na margem leste do rio Nilo.

que a cidade fora de fato poderosa, e me perguntei as fontes de sua grandeza. Para mim mesmo, imaginei todos os esplendores de uma era tão distante que a própria Caldeia não poderia recordá-la; e pensei em Sarnath, a Condenada, que já se elevava no país de Mnar quando a humanidade era ainda jovem, e em Ib, que fora esculpida em pedra cinzenta antes mesmo de existir a humanidade.

De repente, cheguei a um lugar onde o leito rochoso se erguia completamente através da areia e formava um penhasco baixo; e vi com alegria o que parecia prometer mais vestígios do povo antediluviano. Rudemente escavadas na face do penhasco, viam-se as fachadas de várias casas ou templos de pedra, pequenos e baixos, cujos interiores poderiam conter muitos segredos de eras remotas para além de todo cálculo, embora as tempestades de areia tivessem há muito apagado quaisquer esculturas que pudessem estar do lado de fora.

As aberturas mais próximas eram baixas e estavam entupidas de areia, mas consegui desobstruir uma delas com minha pá e me arrastei para dentro carregando uma tocha para revelar quaisquer mistérios que ela pudesse conter. Dentro, vi que a caverna era de fato um templo e descobri sinais claros da raça que teria vivido e cultuado ali muito antes que o deserto fosse um deserto. Altares, pilares e nichos primitivos, todos curiosamente baixos, não estavam ausentes; e embora eu não visse esculturas nem afrescos, havia muitas pedras singulares claramente moldadas em símbolos por meios artificiais. A diminuta altura da câmara escavada era intrigante, eu mal podia me erguer sobre os joelhos; mas a área era tão extensa que minha tocha mostrava apenas uma pequena parte de cada vez. Estremeci ao me aproximar de alguns dos cantos distantes, pois certos altares e pedras sugeriam ritos esquecidos de natureza terrível, repulsiva e inexplicável, e me fizeram imaginar que espécie de homens poderia ter feito e frequentado semelhante templo. Depois que vi tudo o que o templo continha, arrastei-me de novo para fora, ávido por descobrir o que os outros templos tinham a mostrar.

A noite se aproximava, e, no entanto, as coisas tangíveis que eu tinha visto tornavam minha curiosidade mais forte que o medo, de modo que não fugi das longas sombras desenhadas pelo luar que haviam me perturbado quando vi pela primeira vez a cidade sem nome. Ao crepúsculo, desobstruí outra abertura e, com uma nova tocha, me arrastei para dentro, encontrando mais algumas pedras vagas e símbolos, embora nada mais definido do que o outro templo continha. O cômodo era igualmente baixo, porém menos extenso, terminando em uma passagem muito estreita e repleta de santuários obscuros e crípticos. Eram esses santuários que eu examinava quando os ruídos de um vento e meu camelo romperam a quietude lá fora, fazendo-me sair para ver o que poderia ter assustado o animal.

A lua brilhava vivamente sobre as ruínas primitivas, iluminando uma nuvem densa de areia que parecia soprada por um vento forte que agora ia esmorecendo, proveniente de algum ponto junto ao penhasco adiante. Compreendi que foi esse vento gelado e arenoso que perturbara o camelo e estava prestes a levá-lo a procurar um abrigo melhor, quando por acaso olhei para cima e vi que não havia vento sobre o penhasco. Isso me estarreceu e me fez temer novamente, mas de imediato me lembrei dos súbitos ventos locais que eu vira e ouvira antes, ao nascer e ao pôr do sol, e imaginei tratar-se de uma coisa normal. Concluí que vinha de alguma fissura rochosa que talvez levasse a uma caverna, e observei a areia revolta, de modo a descobrir sua fonte, percebendo rapidamente que vinha da entrada negra de um templo bem mais distante, ao sul, quase fora de visão. Lutando contra a areia sufocante, avancei em direção a esse templo, o qual, à medida que me aproximei, se mostrou maior que os demais e exibiu uma entrada bem menos coberta de areia compactada. Eu teria entrado, se a enorme força do vento gélido não houvesse quase apagado a minha tocha. O vento saiu loucamente pela porta escura, suspirando estranhamente enquanto agitava a areia e se espalhava pelas estranhas ruínas. Logo, porém, ficou mais fraco, e as areias foram se assentando mais e mais, até que tudo se aquietou novamente; mas tive a impressão de que uma presença espionava por entre as pedras espectrais da cidade, e quando olhei para a lua ela me pareceu estremecer, como se espelhada em águas inquietas. Eu estava com mais medo do que podia explicar, mas não o suficiente para saciar minha sede de admiração; assim que o vento passou, atravessei para a câmara escura de onde ele tinha vindo.

Esse templo, como eu imaginei do lado de fora, era mais amplo do que aqueles que eu visitara, e era talvez uma caverna natural, já que através dele sopravam ventos provenientes de alguma região mais à frente. Aqui eu podia ficar de pé, mas via que as pedras e altares eram tão baixos quanto os dos outros templos. No teto e nas paredes encontrei pela primeira vez, como indícios da arte pictórica da raça ancestral, curiosas faixas de tinta serpenteantes que estavam quase esmorecidas ou apagadas, e em dois dos altares distingui, com uma excitação crescente, um labirinto de relevos curvilíneos e bem feitos. Quando ergui minha tocha, pareceu-me que a forma do teto era regular demais para ser natural, e então me perguntei sobre o que os cortadores de pedra pré-históricos teriam trabalhado primeiro. Sua capacidade de engenharia devia ter sido vasta.

Então, um clarão mais brilhante da chama fantástica mostrou aquela forma que eu estava procurando, que era a abertura para esses abismos remotos de onde o vento súbito havia soprado; e me senti esmorecer quando vi que se tratava de uma porta pequena e artificial, escavada na rocha sólida. Enfiei a tocha através dela, descobrindo um túnel escuro com um teto arqueado e baixo que se elevava por cima de vários degraus, pequenos e numerosos, que desciam. Sempre verei esses passos em meus sonhos, pois aprendi o que significavam. Naquele momento, eu mal soube se devia chamá-los degraus ou simples apoios para os pés num declive muito inclinado. Pensamentos loucos começaram a girar em minha mente, e as palavras e avisos dos profetas árabes pareceram flutuar através do deserto, vindo da terra que os homens conhecem, em direção à cidade sem nome que os homens não conhecem. No entanto, hesitei apenas por um momento antes de avançar pelo portal e começar a descer cautelosamente através da passagem íngreme, primeiro de pé, como se estivesse em uma escada.

Apenas nos fantasmas terríveis das drogas ou do delírio é que um homem pode fazer uma descida como aquela que fiz. A passagem estreita conduzia infinitamente para baixo, tal como um poço horrivelmente assombrado, e a tocha que eu tinha sobre minha cabeça não podia iluminar as profundezas desconhecidas para as quais eu me arrastava. Perdi a noção das horas e esqueci-me de consultar o relógio, muito embora me assustasse pensar na distância que eu já devia ter percorrido. Houve mudanças de direção e de inclinação; e por uma vez me deparei com uma passagem longa, baixa e plana, através da qual tive de me contorcer deitado sobre o piso rochoso, os pés dispostos à frente, e segurando a tocha com o braço esticado por trás da cabeça. O lugar não era alto o bastante sequer para me manter de joelhos. Depois, houve mais degraus íngremes, e eu continuava a me arrastar para baixo, interminavelmente, quando minha tocha, já esmorecida, se apagou. Não acredito que o tenha percebido na ocasião, pois, quando o notei, eu ainda a segurava no alto, como se estivesse acesa. Eu estava tão desequilibrado com aquele instinto para o estranho e o desconhecido que me tornei um errante sobre a terra e um perseguidor de lugares distantes, antigos e proibidos.

Na escuridão, passaram diante de minha mente fragmentos de meu precioso tesouro de sabedoria demoníaca, Alhazred, o árabe louco, parágrafos extraídos dos pesadelos apócrifos de Damáscio, e linhas infames da delirante *Image du Monde de Gauthier* de Metz. Repetindo excertos obscuros, eu murmurava sobre Afrasiab e das entidades que flutuaram com ele pelo Oxus; e martelava em seguida, repetidamente, uma frase dos contos de Lord Dunsany – *"A escuridão irreversível do abismo"*[43].

Uma vez, quando a descida se tornou espantosamente íngreme, recitei um trecho ritmado de Thomas Moore, até que tive medo de continuar recitando:

---

43   Extraído do livro do escritor irlandês de fantasia Lord Dunsany, *O Livro das Maravilhas*.

Um reservatório negro de escuridão,
Como os caldeirões das bruxas são.
Quando cheios de veneno lunar,
Produzidos no eclipse a brilhar.
Inclinando-me para o fatal declive,
Por aquele abismo, eu me detive.
Até onde a visão podia explorar,
Os lados do cais tão lisos como vidro estelar.
Ou talvez como pintada desse
Escuro piche que brota e desce
Do assento da Morte à sua fria
Costa, gelatinosa e escorregadia.

O tempo tinha deixado de existir quando meus pés sentiram novamente o piso nivelado, e então me encontrei em um lugar ligeiramente mais alto do que as salas nos dois templos menores, que haviam ficado incalculavelmente acima de minha cabeça. Não que eu pudesse ficar de pé, mas podia erguer-me agora sobre os joelhos, e na escuridão me torcia e engatinhava para lá e para cá ao acaso. Logo descobri que entrava em uma passagem estreita cujas paredes eram guarnecidas por caixões de madeira, fechados por vidros na parte anterior. A ideia de que naquele lugar paleozoico e abissal eu pudesse sentir tais coisas como madeira polida e vidro suscitava implicações que me fizeram estremecer. Os caixões estavam aparentemente dispostos ao longo de ambos os lados da passagem, a intervalos regulares, e eram oblongos e horizontais, lembrando, de modo hediondo, esquifes em seu formato e tamanho. Quando tentei mover dois ou três deles para examinar, percebi que estavam presos.

Compreendi que a passagem era longa, e então me lancei rapidamente para diante, em uma corrida desajeitada que teria parecido horrível se qualquer olho me observasse na escuridão; cruzando-a ocasionalmente de lado a lado para inspecionar os arredores e me certificar de que as fileiras de caixas continuavam à frente. O homem está tão acostumado a pensar visualmente, que quase esqueci a escuridão e passei a imaginar o corredor interminável de madeira e vidro, em sua monotonia de arrebites, tal como se o enxergasse. E então, em um momento de indescritível emoção, eu de fato o vi.

Quando foi que minha fantasia se fundiu à visão real, não posso dizer; porém um brilho gradual veio se aproximando, e de repente comecei a distinguir os contornos difusos de um corredor e dos estojos, revelados por alguma fosforescência subterrânea e desconhecida. Por um instante breve, tudo foi exatamente como eu imaginara, mas o brilho era bastante pálido; continuando a engatinhar mecanicamente em direção à luz mais forte, compreendi que minha fantasia era fraca. Esse vestíbulo não era uma relíquia da crueldade, tal como os templos na cidade lá em cima, mas um monumento da mais exótica e magnífica arte. Pinturas e desenhos ricos e vivazes, desafiadoramente fantásticos, formavam um todo contínuo de pinturas murais cujas linhas e cores estavam além de toda descrição. As caixas eram de uma madeira estranha e dourada, exibindo tampas de um vidro bizarro e contendo as formas mumificadas de criaturas cujo grotesco ultrapassaria os sonhos mais caóticos.

Transmitir qualquer ideia dessas monstruosidades é impossível. Assemelhavam-se a répteis, com as formas do corpo lembrando às vezes um crocodilo, às vezes uma foca, mas na maioria das vezes nada de que nem o naturalista nem o paleontólogo jamais ouviram falar. Seu tamanho era aproximadamente o de um homem pequeno, e suas patas dianteiras terminavam em pés curiosamente assemelhados a mãos e dedos humanos. Mas o mais estranho eram suas cabeças, que apresentavam contornos que violariam todos os princípios biológicos de que temos conhecimento. A nada tais coisas poderiam ser comparadas adequadamente — e em um único lance pensei em comparações tão diversas quanto com o gato, o sapo-boi, o mítico Sátiro e o ser humano. Nem o próprio Júpiter teria tido uma fronte tão colossal e protuberante, para não falar dos chifres, da ausência de narizes e das mandíbulas de aligátores que extrapolavam quaisquer categorias estabelecidas. Por um momento, hesitei acerca da realidade das múmias, quase suspeitando que fossem ídolos artificiais; mas logo decidi que eram de fato alguma espécie paleológica que teria vivido quando a cidade sem nome ainda pulsava. Coroando seu grotesco, muitas delas estavam envolvidas, de modo bizarro, num tecido refinado, bem como abundantemente adornadas com enfeites de ouro, joias e metais brilhantes e desconhecidos.

A importância dessas criaturas rastejantes deve ter sido imensa, pois ocupavam o primeiro lugar entre os desenhos impressionadores dos afrescos nas paredes e no teto. Com arte inigualável, o artista as havia representado em seu próprio mundo, pois eles tinham cidades e jardins proporcionais às suas dimensões; e eu não podia senão pensar que sua história ali pintada fosse alegórica, provavelmente aludindo ao progresso da raça que as adorou. Essas criaturas, eu disse a mim mesmo, foram para os homens da cidade sem nome aquilo que a loba teria sido para Roma, ou o que algum animal totêmico é para uma tribo indígena.

Com essa perspectiva em mente, pude discernir, por alto, um épico maravilhoso da cidade sem nome — a história de uma poderosa metrópole à beira-mar que regeu o mundo antes que a África emergisse das ondas, e das suas lutas quando o mar recuou e o deserto invadiu o vale fértil em que se situava. Vi as suas guerras e os seus triunfos, as suas dificuldades e derrotas, e posteriormente a sua terrível luta contra o deserto, quando milhares de seus habitantes — ali representados alegoricamente pelos répteis bizarros — foram forçados a abrir caminho, de algum modo maravilhoso, escavando através das rochas em direção a um outro mundo do qual os seus profetas lhes falaram. Tudo era vividamente estranho e realístico, e sua conexão com a tremenda descida que eu fizera me pareceu indiscutível. Até mesmo reconheci as passagens.

Quando me arrastei pelo corredor em direção à luz mais brilhante, pude ver mais alguns estágios do épico pictórico — a partida da raça que habitara a cidade sem nome e o vale ao redor durante dez milhões de anos; a raça cujas almas se oprimiram ao deixar aqueles cenários que seus corpos conheciam há tanto tempo, onde tinham se estabelecido como nômades na juventude da terra, perfurando na rocha virgem aqueles santuários primitivos nos quais jamais tinham cessado de adorar. Agora que a luz era melhor, estudei as pinturas mais de perto e, lembrando que os estranhos répteis deviam representar os homens desconhecidos, ponderei sobre os costumes da cidade sem nome. Muitas coisas eram peculiares e inexplicáveis. A civilização, que incluía um alfabeto escrito, aparentemente havia se erguido até uma ordem mais alta do que as civilizações imensuravelmente mais tardias do Egito e da Caldeia; mas havia curiosas omissões. Não pude, por exemplo, encontrar pinturas que representassem mortos ou costumes fúnebres, a não ser aqueles relacionados a guerras, violência e pragas; e fiquei admirado com a reticência demonstrada em relação à morte natural. Era como se um ideal de imortalidade terrena tivesse sido fomentado como uma ilusão animadora.

Mais perto do final da passagem, havia representações extremamente pitorescas e extravagantes: visões contrastadas da cidade sem nome, em seu crescente abandono e ruína, e do estranho e novo reino de paraíso em direção ao qual a raça havia aberto seu caminho através da rocha. Nessas visões, a cidade e o vale deserto eram mostrados sempre à luz da lua, nimbos dourados pairavam sobre os muros desmoronados e revelavam um pouco da perfeição esplêndida dos tempos anteriores, que o artista retratara de modo espectral e elusivo. As cenas paradisíacas eram extravagantes para merecer crédito, exibindo um mundo escondido de eterno dia, repleto de cidades gloriosas, colinas e vales etéreos. Próximo ao fim, pensei entrever sinais de um anticlímax artístico. As pinturas eram menos elaboradas e bem mais estranhas até mesmo do que as mais loucas das cenas anteriores. Pareciam recordar uma decadência lenta da estirpe ancestral, de par com uma crescente ferocidade contra o mundo exterior, do qual fora repelida pelo deserto. As formas das pessoas — sempre representadas como répteis sagrados — pareciam estar se extinguindo gradualmente, embora seu espírito, conforme mostrado ali, pairando sobre as ruínas ao luar, ganhasse proporções. Sacerdotes emaciados, figurados como répteis em túnicas enfeitadas, amaldiçoavam o ar lá em cima e todos os que o respiravam; e a terrível cena final exibia um homem de aspecto primitivo, talvez um pioneiro da antiga Irem, a Cidade dos Pilares, sendo despedaçado por representantes da raça mais velha. Lembrei-me de como os árabes temiam a cidade sem nome, e fiquei feliz em constatar que, para além daquele ponto, as paredes cinzentas e o teto estavam vazios.

Enquanto observava o desfile da história mural, aproximei-me bastante do final do vestíbulo de teto baixo, e me deparei com um corredor através do qual provinha toda a iluminação fosforescente. Engatinhando até lá, um espanto transcendental me fez gritar perante o que jazia mais à frente, pois, em vez de outras câmaras mais brilhantes, havia apenas um vazio ilimitado de fulgurância uniforme, tal como o que se poderia imaginar olhando a partir do pico do monte Everest por sobre um mar de névoa iluminada pelo sol. Atrás de mim havia uma passagem tão estreita que, nela, eu não podia ficar de pé, e diante de mim estava uma infinidade de esplendor subterrâneo.

Descendo da passagem para dentro do abismo, havia o topo de um lance íngreme de degraus, numerosos e pequenos, semelhantes àqueles das passagens escuras que eu atravessara; mas, após alguns metros, o vapor brilhante ocultava tudo o mais. Totalmente aberto e encostado na parede esquerda da passagem havia um portão de bronze maciço, incrivelmente grosso e decorado com baixos-relevos fantásticos, o qual, fechado, poderia isolar dos nichos e passagens abertas na rocha todo aquele mundo de luz interior. Olhei para os degraus e, por um instante, não ousei explorá-los. Apalpei a porta aberta de bronze e não consegui movê-la. Então me afundei de bruços no chão de pedra, minha mente em chamas com reflexos prodigiosos que nem mesmo uma exaustão de quase morte poderia acalmar.

Enquanto permaneci quieto, de olhos fechados, livre para refletir, muitas das coisas que eu notara de passagem nos afrescos me voltaram à mente, com nova e terrível significação — cenas representando a cidade sem nome em seu auge, as vegetações ao seu redor e as terras distantes com as quais os seus mercadores comerciavam. A alegoria das criaturas rastejantes me intrigava pela sua proeminência universal, e eu me espantava que pudesse preponderar assim em uma história pictórica de tal importância. Nos afrescos, a cidade sem nome fora mostrada em proporções adequadas aos répteis. Perguntei-me quais teriam sido suas proporções e magnificência reais, e refleti por um momento sobre certas singularidades que havia reparado nas ruínas. Pensei, particularmente, na baixa altura dos templos primitivos e do corredor subterrâneo, que tinham sido escavados desse modo em deferência às divindades reptilianas que ali se honravam, mesmo que, forçosamente, obrigassem os adoradores a rastejar. Talvez os próprios ritos aqui envolvessem a ideia de rastejar, numa imitação às criaturas. Nenhuma teoria religiosa, porém, poderia explicar sem dificuldade por que as passagens de nível, naquela descida assombrosa, eram tão baixas quanto os templos — ou mais baixas até, já que nelas não se podia sequer ajoelhar. Quando pensei nas criaturas rastejantes, cujas formas hediondas e mumificadas jaziam tão próximas de mim, senti uma nova pontada de medo. Associações mentais são curiosas, e assim recuei frente à noção de que, exceto pelo pobre homem primitivo, despedaçado na última pintura, a minha era a única forma humana em meio a tantas relíquias e símbolos da vida primordial.

Mas, como sempre em minha estranha e errante existência, o espanto expulsou o medo, pois o abismo luminoso e o que ele continha me propunham um problema digno do maior dos exploradores. De que um mundo estranho e de mistério jazia ao fundo daquele lance de degraus particularmente pequenos, eu não podia duvidar, e esperava mesmo encontrar lá aquelas lembranças humanas que o corredor pintado não lograra oferecer. Os afrescos retratavam cidades inacreditáveis e vales neste reino subtérreo, e minha fantasia se demorava nas ruínas ricas e colossais que me aguardavam.

Meus medos, de fato, diziam respeito mais ao passado do que ao futuro. Nem mesmo o horror físico de minha posição naquele corredor estreito de répteis mortos e de afrescos antediluvianos, quilômetros abaixo do mundo que eu conhecia, confrontado por um outro mundo de luz e névoa arrepiante, nada disso poderia comparar-se ao pavor letal que eu senti frente à antiguidade abissal da cena e seu espírito. Uma antiguidade tão vasta que não se pode mensurar parecia espreitar embaixo, a partir das pedras primitivas e dos templos escavados da cidade sem nome, enquanto o último dos mapas espantosos dos afrescos figurava oceanos e continentes que o homem esqueceu, com apenas, aqui e ali, alguns contornos vagamente familiares. O que poderia ter acontecido nas eras geológicas desde que as pinturas cessaram e, entre ressentimentos, a raça que odiava a morte sucumbira à decadência, ninguém o poderia dizer. A vida por uma vez fervilhara nessas cavernas e no reino luminoso logo abaixo; mas agora eu me achava sozinho em meio às relíquias vívidas, tremendo ao pensar nas eras incontáveis ao longo das quais essas relíquias mantiveram sua vigília silenciosa e deserta.

De repente, veio outra explosão daquele medo agudo que me tomava intermitentemente desde que vi pela primeira vez o vale terrível e a cidade sem nome sob uma lua fria; e, apesar da minha exaustão, me vi tentando, freneticamente, assumir uma postura sentada e olhando para trás, através do corredor escuro, em direção aos túneis que conduziam ao mundo exterior. Minhas sensações eram semelhantes àquelas que me levaram a temer à noite a cidade sem nome, e eram tão inexplicáveis quanto pungentes. Em outro momento, no entanto, recebi um choque ainda maior, que veio na forma de um som definido — o primeiro a romper o silêncio daquelas profundezas sepulcrais. Era um gemido profundo, baixo, tal como um gemido distante de espíritos condenados, e vinha do lado para o qual eu olhava. Seu volume cresceu rapidamente, até que logo ressoou, de modo amedrontador, através da passagem baixa; e ao mesmo tempo tomei consciência de um sopro crescente de ar, fluindo igualmente dos túneis e da cidade lá no alto. O toque desse ar pareceu devolver meu equilíbrio, das rajadas repentinas que se ergueram ao redor da boca do abismo a cada pôr do sol e nascer do sol, um dos quais, de fato, me havia relevado os túneis escondidos. Olhei meu relógio e vi que o amanhecer estava próximo; então me firmei para resistir à rajada que soprava para dentro, rumo ao seu lar cavernoso, tal como soprava para fora ao anoitecer. Meu medo, novamente, diminuiu, já que um fenômeno natural tende a dissipar as preocupações sobre o desconhecido.

O vento noturno, loucamente uivante, jorrou mais e mais através da abertura, para dentro da terra. Caí de bruços novamente e me agarrei em vão ao chão, com receio de ser arrastado através do portão para o abismo fosforescente. Por tamanha fúria eu não esperara; e, quando tomei consciência de que meu corpo de fato começava a escorregar em direção ao abismo, fui invadido por milhares de terrores novos, provenientes de apreensão e imaginação. A malignidade do sopro despertava fantasias incríveis; mais uma vez, comparei-me, trêmulo, à imagem humana que vira naquele corredor pavoroso, isto é, ao homem despedaçado pela raça sem nome, pois nas garras diabólicas das correntes rodopiantes parecia permanecer uma raiva vingativa ainda mais forte porque era em grande parte impotente. Acredito ter gritado freneticamente próximo ao fim — eu estava quase louco —, mas, se o fiz, meus gritos se perderam na babel infernal dos uivantes fantasmas do vento. Tentei me arrastar contra a torrente invisível, porém mal podia me manter enquanto era empurrado lenta e inexoravelmente em direção ao mundo desconhecido. Por fim, a razão deve ter se rompido, pois comecei a balbuciar, seguidamente, aquele dístico inexplicável de Alhazred, o árabe louco, que sonhou com a cidade sem nome:

"Não está morto o que pode permanecer eternamente,
E com estranhas eras até a morte pode morrer."

Apenas os sombrios deuses do deserto sabem o que realmente aconteceu — que lutas e contorções indescritíveis suportei, ou que Abaddon me guiou de volta à vida, onde deverei para sempre me lembrar e tremer, sob o vento noturno, até que o esquecimento — ou algo pior — me carregue. Monstruosa, antinatural, colossal foi a coisa — muito para além de quaisquer ideias humanas para ser acreditada, exceto nas horas breves, silenciosas e desgraçadas da manhã, quando não se pode dormir.

Eu disse que a fúria da rajada veloz fora infernal — arquidemoníaca — e que suas vozes eram hediondas, com a viciosidade reprimida de eternidades desoladas. Naquele momento, tais vozes, enquanto ainda soavam num caos ao meu redor, pareceram, ao meu cérebro convulso, adquirir uma forma articulada atrás de mim; e, lá embaixo, no túmulo das antiguidades mortas há inumeráveis eras, léguas abaixo do mundo iluminado da aurora dos homens, ouvi o amaldiçoar e o rosnar fantasmagórico de demônios cuja língua era ignota. Voltando-me, percebi, recortado contra o éter luminoso do abismo, o que não podia ser visto sob a penumbra do corredor: uma horda de pesadelos de demônios velozes; distorcida pelo ódio, grotescamente vestida, semitransparente; demônios de uma raça que nenhum homem poderia confundir — os répteis rastejantes da cidade sem nome.

E quando o vento cessou, fui mergulhado na escuridão povoada de fantasmas das entranhas da terra; pois atrás da última das criaturas a grande porta de bronze se fechou com um estrondo ensurdecedor de música metálica cujas reverberações se espalharam até o mundo distante para saudar o sol nascente, tal como Memnon o saúda das margens do Nilo.

HERBERT WEST – REANIMADOR (1922)

I. DA ESCURIDÃO

De Herbert West, que foi meu amigo na faculdade e na vida após a morte, só posso falar com extremo terror. Esse terror não se deve totalmente à forma sinistra de seu recente desaparecimento, mas foi engendrado por toda a natureza de sua vida de trabalho, e ganhou sua forma aguda há mais de dezessete anos, quando estávamos no terceiro ano de nosso curso na Faculdade de Medicina da Universidade Miskatonic, em Arkham. Enquanto ele estava comigo, a maravilha e o diabolismo de seus experimentos me fascinavam completamente, e eu era seu companheiro mais próximo. Agora que ele se foi e o feitiço foi quebrado, o medo real é maior. Memórias e possibilidades são cada vez mais horríveis que as realidades.

O primeiro incidente horrível do qual tomamos conhecimento foi o maior choque que já experimentei, e é com relutância que o repito. Como já disse, aconteceu quando estávamos na faculdade de medicina, onde West já havia se tornado notório por meio de suas teorias malucas sobre a natureza da morte e a possibilidade de superá-la artificialmente. Seus pontos de vista, amplamente ridicularizados pelo corpo docente e seus colegas alunos, dependiam da natureza essencialmente mecanicista da vida; e diziam respeito aos meios de operar a maquinaria orgânica da humanidade por ação química calculada após o fracasso dos processos naturais. Em seus experimentos com várias soluções de animação, ele havia matado e tratado um número imenso de coelhos, porquinhos-da-índia, gatos, cachorros e macacos, até se tornar o principal incômodo da faculdade. Várias vezes ele realmente obteve sinais de vida em animais supostamente mortos; em muitos casos, sinais violentos; mas ele logo viu que a perfeição desse processo, se de fato possível, envolveria necessariamente uma vida inteira de pesquisa. Da mesma forma ficou claro que, como a mesma solução nunca funcionava da mesma forma em diferentes espécies orgânicas, ele precisaria de humanos para um progresso mais especializado e sustentado. Foi então que ele entrou em conflito com as autoridades da faculdade e foi impedido de realizar futuras experiências por ninguém menos que o próprio reitor da faculdade de medicina — o erudito e benevolente Dr. Allan Halsey, cujo trabalho é lembrado por todos os antigos moradores de Arkham.

Sempre fui excepcionalmente tolerante com as atividades de West, e frequentemente discutíamos suas teorias, cujas ramificações e corolários eram quase infinitos. Sustentando com Haeckel que toda vida é um processo químico e físico, e que a chamada "alma" é um mito, meu amigo acreditava que a reanimação artificial dos mortos só pode depender da condição dos tecidos; e que, a menos que a decomposição real tenha ocorrido, um cadáver totalmente equipado com órgãos pode, com medidas adequadas, ser reiniciado na forma peculiar conhecida como vida. Que a vida psíquica ou intelectual pudesse ser prejudicada pela leve deterioração das células cerebrais sensíveis, que mesmo um curto período de morte poderia causar, West compreendia plenamente. A princípio, sua esperança era encontrar um reagente que restaurasse a vitalidade antes do advento real da morte, e apenas repetidos fracassos em animais lhe mostraram que os movimentos naturais e artificiais da vida eram incompatíveis. Ele então buscou extremo frescor em seus espécimes, injetando suas soluções no sangue imediatamente após a extinção da vida. Foi essa circunstância que tornou os professores tão descuidadamente céticos, pois achavam que a verdadeira morte não havia ocorrido em nenhum caso. Eles não pararam para ver o assunto de perto e racionalmente.

Pouco depois de a faculdade ter interditado seu trabalho, West me confidenciou sua resolução de obter corpos humanos frescos de alguma maneira e continuar em segredo os experimentos que não podia mais realizar abertamente. Ouvi-lo discutir maneiras e meios era bastante medonho, pois na faculdade nunca havíamos adquirido espécimes anatômicos. Sempre que o necrotério se mostrava inadequado, dois homens negros locais cuidavam do assunto e raramente eram questionados. West era então um jovem pequeno, esbelto, de óculos, com feições delicadas, cabelos louros, olhos azul-claros e uma voz suave, e era estranho ouvi-lo falar sobre os méritos relativos ao cemitério de Christchurch e do campo do oleiro. Finalmente decidimos pelo campo do oleiro, porque praticamente todos os corpos em Christchurch eram embalsamados; uma coisa obviamente ruinosa para as pesquisas de West.

A essa altura, eu era seu assistente ativo e fascinado, e o ajudava a tomar todas as suas decisões, não apenas sobre a origem dos corpos, mas sobre um local adequado para nosso trabalho repugnante. Fui eu quem pensou na casa da fazenda Chapman deserta, além da Colina Meadow, onde instalamos no térreo uma sala de cirurgia e um laboratório, cada um com cortinas escuras para esconder nossos atos noturnos. O lugar ficava longe de qualquer estrada, e à vista de nenhuma outra casa, mas as precauções não eram menos necessárias, já que rumores de luzes estranhas, iniciados por vagabundos noturnos e casuais, logo trariam desastre para o nosso trabalho. Foi acordado chamar a coisa toda de laboratório químico se a descoberta ocorresse. Gradualmente, equipamos nosso sinistro refúgio da ciência com materiais comprados em Boston ou emprestados discretamente da faculdade — materiais cuidadosamente tornados irreconhecíveis, exceto para olhos experientes — e compramos pás e picaretas para os muitos enterros que teríamos que fazer no porão. Na faculdade, usávamos um incinerador, mas o aparelho era muito caro para nosso laboratório não autorizado. Corpos eram sempre um incômodo — até mesmo os pequenos corpos de cobaias dos pequenos experimentos clandestinos no quarto de West na pensão.

Seguiamos os avisos de morte locais como carniceiros, pois nossos espécimes exigiam qualidades particulares. O que queríamos eram cadáveres enterrados logo após a morte e sem preservação artificial; preferencialmente livre de malformações e certamente com todos os órgãos presentes. As vítimas de acidentes eram nossa melhor esperança. Por muitas semanas não ouvimos falar de nada adequado; embora falássemos com as autoridades do necrotério e do hospital, ostensivamente no interesse da faculdade, sempre que pudéssemos sem suscitar suspeitas. Descobrimos que a faculdade tinha a primeira escolha em todos os casos, de modo que talvez fosse necessário permanecer em Arkham durante o verão, quando apenas as limitadas aulas da escola de verão eram ministradas. No final, porém, a sorte nos favoreceu; pois um dia ouvimos falar de um caso quase ideal no campo do oleiro; um jovem e musculoso operário se afogou na manhã anterior em Sumners Pond e foi enterrado com recursos financeiros da cidade sem demora ou embalsamamento. Naquela tarde, encontramos a nova sepultura e decidimos começar a trabalhar logo após a meia-noite.

Era uma tarefa repulsiva que empreendíamos nas madrugadas escuras, embora nos faltasse naquele momento o horror especial dos cemitérios que as experiências posteriores nos trouxeram. Carregávamos pás e lanternas a óleo, pois embora as tochas elétricas fossem fabricadas na época, elas não eram tão satisfatórias quanto os dispositivos de tungstênio de hoje. O processo de desenterrar foi lento e sórdido — poderia ter sido terrivelmente poético se fôssemos artistas em vez de cientistas — e ficamos felizes quando nossas pás bateram na madeira. Quando a caixa de pinho foi totalmente descoberta, West desceu e removeu a tampa, arrastando e sustentando o conteúdo. Abaixei-me e puxei o conteúdo para fora do túmulo, e então ambos trabalharam arduamente para restaurar o local à sua aparência anterior. O caso nos deixou bastante nervosos, especialmente a forma rígida e o rosto vazio do nosso primeiro troféu, mas conseguimos remover todos os vestígios da nossa visita. Depois de vasculhar a última pá de terra, colocamos o espécime em um saco de lona e partimos para a velha casa de Chapman, além da Colina Meadow.

Em uma mesa de dissecação improvisada na antiga casa da fazenda, à luz de uma poderosa lâmpada de acetileno, o espécime não tinha aparência muito espectral. Tinha sido um jovem robusto e aparentemente de pouco conhecimento, do tipo plebeu saudável — de grande porte, olhos cinzentos e cabelos castanhos —, um animal sadio, sem sutilezas psicológicas e provavelmente com processos vitais do tipo mais simples e saudável. Agora, de olhos fechados, parecia mais adormecido do que morto; embora o teste especializado de meu amigo não tenha deixado dúvidas sobre isso. Tínhamos finalmente o que West sempre ansiara — um verdadeiro morto do tipo ideal, pronto para a solução preparada de acordo com os mais cuidadosos cálculos e teorias para uso humano. A tensão da nossa parte era muito grande. Sabíamos que a chance de sucesso completo era mínima, e não podíamos evitar um medo hediondo de possíveis resultados grotescos de animação parcial. Estávamos apreensivos com a mente e os impulsos da criatura, pois no espaço após a morte algumas das células cerebrais mais delicadas poderiam ter sofrido deterioração. Eu mesmo ainda mantinha algumas noções curiosas sobre a tradicional "alma" do homem, e sentia admiração pelos segredos que poderiam ser contados por alguém que retornasse dos mortos. Eu me perguntava que visões esse jovem plácido poderia ter visto em esferas inacessíveis, e o que ele poderia relatar se fosse totalmente restaurado à vida. Mas meu espanto não foi grande, pois na maioria das vezes eu compartilhava do materialismo do meu amigo. Ele estava mais calmo do que eu quando forçou uma grande quantidade de seu fluido em uma veia do braço do corpo, imediatamente fechando a incisão com segurança.

A espera foi horrível, mas West não vacilou. De vez em quando, ele aplicava seu estetoscópio no espécime e suportava os resultados negativos filosoficamente. Após cerca de três quartos de hora sem o menor sinal de vida, ele declarou desapontado que a solução era inadequada, mas decidiu aproveitar ao máximo a oportunidade e tentar uma mudança na fórmula antes de se desfazer de seu prêmio medonho. Tínhamos cavado uma cova no porão naquela tarde e teríamos de enchê-la ao amanhecer — pois, embora tivéssemos trancado a casa, desejávamos evitar até o mais remoto risco de uma descoberta macabra. Além disso, o corpo não estaria exatamente fresco na noite seguinte. Assim, levando a solitária lâmpada de acetileno para o laboratório adjacente, deixamos nosso hóspede silencioso na laje no escuro e dedicamos todas as energias à mistura de uma nova solução; com a pesagem e medição supervisionada por West com um cuidado quase fanático.

O terrível evento foi muito repentino e totalmente inesperado. Eu estava despejando algo de um tubo de ensaio para outro, e West estava ocupado com o fogareiro a álcool que substituía um bico de Bunsen na câmara sem gás, quando da sala escura como breu que havíamos deixado explodiu o mais terrível grito que qualquer um de nós já tinha ouvido. Não mais inexprimível poderia ter sido o caos do som infernal se o próprio poço se abrisse para liberar a agonia dos condenados, pois em uma cacofonia inconcebível estava centrado todo o terror sobrenatural e desespero. Humano não poderia ter sido — não é natural do homem fazer tais sons —, e, sem pensar em nossos afazeres ou em sua possível descoberta, West e eu saltamos para a janela mais próxima como animais feridos; derrubando tubos, lâmpadas e móveis, saltando loucamente no abismo estrelado da noite rural. Acho que gritamos enquanto cambaleávamos freneticamente em direção à cidade, embora, ao chegarmos aos arredores, tivéssemos uma aparência controlada — apenas o suficiente para parecer foliões atrasados voltando para casa depois de uma devassidão.

Não nos separamos, então conseguimos chegar ao quarto de West, onde sussurramos até o amanhecer. A essa altura já tínhamos nos acalmado um pouco com teorias racionais e planos de investigação, para que pudéssemos dormir o dia inteiro — as aulas foram adiadas. Mas naquela noite duas matérias no jornal, totalmente sem relação, nos impediram de dormir. A velha casa deserta de Chapman inexplicavelmente se transformou em um amontoado de cinzas amorfas; o que poderíamos explicar pelo lampião a álcool. Além disso, foi relatado uma tentativa de perturbar uma nova sepultura no campo do oleiro, de modo leviano e sem pá, arranhando a terra. Isso não conseguimos entender, pois havíamos revirado o solo com muito cuidado.

E por dezessete anos depois disso, West olhava frequentemente por cima dos ombros e reclamava de passos imaginários atrás dele. Agora ele desapareceu.

II. O DEMÔNIO DA PESTE

Jamais esquecerei aquele horrível verão de dezesseis anos atrás, quando, como um afrite[44] nocivo dos salões de Eblis[45], o tifo espreitava sorrateiramente por Arkham. É por esse flagelo satânico que mais lembra o ano, pois o terror verdadeiramente pairava com asas de morcego sobre as pilhas de caixões nos túmulos do cemitério de Christchurch; no entanto, para mim, há um horror maior naquela época — um horror conhecido apenas por mim agora que Herbert West desapareceu.

West e eu estávamos fazendo um trabalho de pós-graduação nas aulas de verão na faculdade de medicina da Universidade Miskatonic, e meu amigo alcançou uma grande notoriedade por causa de seus experimentos de reanimação dos mortos. Após a matança científica de incontáveis pequenos animais, o trabalho bizarro havia sido ostensivamente interrompido por ordem de nosso cético reitor, Dr. Allan Halsey, embora West tivesse continuado a realizar certos testes secretos em seu sombrio quarto de pensão e, em uma ocasião terrível e inesquecível, tivesse levado um corpo humano de seu túmulo no campo do oleiro para uma casa de fazenda deserta além da Colina Meadow.

Eu estava com ele naquela ocasião odiosa e o vi injetar nas veias quietas o elixir que ele achava que, em certa medida, restauraria os processos químicos e físicos da vida. Terminara horrivelmente — em um delírio de medo que aos poucos passamos a atribuir aos nossos próprios nervos exaustos — e West nunca mais conseguiu se livrar da sensação enlouquecedora de ser assombrado e caçado. O corpo não estava fresco o bastante; é óbvio que, para restaurar os atributos mentais normais, um corpo deve estar realmente muito fresco; e o incêndio da velha casa nos impediu de enterrar a coisa. Teria sido melhor se pudéssemos saber que estava enterrada.

Depois dessa experiência, West abandonou suas pesquisas por algum tempo; mas à medida que o zelo do cientista nato voltava lentamente, ele novamente se tornou importuno com o corpo docente da faculdade, pleiteando o uso da sala de dissecação e de espécimes humanos frescos para o trabalho que considerava tão importante. Suas súplicas, no entanto, foram totalmente em vão; pois a decisão do Dr. Halsey foi inflexível, e todos os outros professores endossaram o veredito de seu líder. Na teoria radical da reanimação, eles não

---

44   Monstro da religião islâmica.
45   Demônio da religião islâmica.

viam nada além dos caprichos imaturos de um jovem entusiasta cuja forma esguia, cabelos louros, olhos azuis de óculos e voz suave não davam indícios do poder sobrenatural — quase diabólico — de seu cérebro frio. Eu posso vê-lo agora como ele era então — e eu estremeço. Ele ficou com o rosto mais severo, mas nunca envelhecido.

West entrou em um conflito desagradável com o Dr. Halsey perto do final de nosso último período de graduação, em uma discussão prolixa que deu menos crédito a ele do que ao gentil reitor em questão de cortesia. Ele sentiu que o reitor estava desnecessariamente prejudicando uma obra de extrema importância; um trabalho que ele poderia, é claro, conduzir a seu próprio gosto em anos posteriores, mas que ele desejava começar enquanto ainda possuía as excepcionais instalações da universidade. Que os velhos tradicionalistas ignorassem seus resultados singulares em animais e persistissem em negar a possibilidade de reanimação, era inexplicavelmente repugnante e quase incompreensível para um jovem com o temperamento lógico de West. Somente a maturidade poderia ajudá-lo a compreender as limitações mentais crônicas do tipo "professor-doutor" — produto de gerações de puritanismo patético; bondoso, consciencioso, e às vezes gentil e amável, mas sempre estreito, intolerante, individualista e sem perspectiva. A idade tem mais piedade desses caráteres incompletos, mas de grande alma, cujo pior vício real é a timidez, e que são punidos por seus pecados intelectuais — pecados como ptolemaísmo, calvinismo, antidarwinismo, antinietzscheísmo e todo tipo de sabatarianismo e de legislação suntuária. West, jovem apesar de seus maravilhosos conhecimentos científicos, tinha pouca paciência com o bom Dr. Halsey e seus colegas eruditos; e nutriu um ressentimento crescente, juntamente com o desejo de provar suas teorias para esses dignos obtusos de uma maneira impressionante e dramática. Como a maioria dos jovens, ele se entregava a elaborados devaneios de vingança, triunfo e magnânimo perdão final.

E então veio o flagelo, risonho e letal, das cavernas escabrosas do Tártaro. West e eu nos formamos mais ou menos na época de seu início, mas ficamos para um trabalho adicional na escola de verão, de modo que estávamos em Arkham quando o mal explodiu na cidade com uma fúria demoníaca completa. Embora ainda não fossem médicos licenciados, agora tínhamos nossos diplomas e éramos pressionados freneticamente para o serviço público à medida que o número de doentes crescia. A situação estava quase fora de controle, e as mortes aconteciam com muito mais frequência do que os agentes funerários locais podiam dar conta. Enterros sem embalsamamento eram feitos em rápida sucessão, e até mesmo o Cemitério de Christchurch estava abarrotado de caixões de mortos não embalsamados. Essa circunstância não deixou de afetar West, que pensava muitas vezes na ironia da situação — tantos espécimes frescos, mas nenhum para suas ansiadas pesquisas. Estávamos terrivelmente sobrecarregados de trabalho, e a terrível tensão mental e nervosa fez meu amigo pensar morbidamente.

Mas os gentis inimigos de West não estavam menos ocupados. A faculdade havia praticamente fechado, e todos os médicos da faculdade de medicina estavam ajudando a combater a peste tifoide. O Dr. Halsey, em particular, havia se distinguido pelo seu serviço, aplicando sua habilidade extrema com toda sua energia a casos que muitos outros evitavam por causa do perigo ou aparente desesperança. Em menos de um mês, o destemido reitor havia se tornado um herói popular, embora parecesse inconsciente de sua fama enquanto lutava para não desmaiar de fadiga física e exaustão nervosa. West não podia deixar de admirar a bravura de seu inimigo, mas por causa disso estava ainda mais determinado a provar a ele a verdade de suas doutrinas surpreendentes. Aproveitando-se da desorganização do trabalho universitário e das regulamentações municipais de saúde, ele conseguiu que um corpo recém-falecido entrasse clandestinamente na sala de dissecação da universidade uma noite e, na minha presença, injetou uma fórmula modificada de sua solução. A coisa realmente abriu os olhos, mas apenas olhou para o teto com um olhar de horror petrificante antes de desmoronar em uma inércia da qual nada poderia despertá-la. West disse que não estava fresco o suficiente — o ar quente do verão não favorece os cadáveres. Dessa vez quase fomos pegos antes de incinerarmos a coisa, e West duvidou da conveniência de repetir seu ousado mau uso do laboratório da faculdade

O pico da epidemia foi atingido em agosto. West e eu estávamos quase mortos, e o Dr. Halsey morreu no dia 14. Todos os estudantes compareceram ao funeral realizado às pressas no dia 15 e compraram uma coroa de flores impressionante, embora esta última tenha sido bastante ofuscada pelas homenagens enviadas pelos cidadãos ricos de Arkham e pelo próprio município. Era quase um assunto público, pois o reitor certamente fora um benfeitor popular. Depois do sepultamento, estávamos todos um pouco deprimidos e passamos a tarde no bar da Casa Comercial, onde West, embora abalado pela morte de seu principal oponente, arrepiou o resto de nós com referências às suas notórias teorias. A maioria dos alunos ia para casa, ou para vários deveres, à medida que a noite avançava; mas West me convenceu a ajudá-lo a "passar uma noite na farra". A senhoria de West nos viu chegar em seu quarto por volta das duas da manhã, com um terceiro homem entre nós; e disse ao marido que, evidentemente, todos jantamos e bebemos muito bem.

Aparentemente, essa matrona ácida estava certa; por volta das 3 da manhã, toda a casa foi despertada por gritos vindos do quarto de West, onde, quando arrombaram a porta, encontraram nós dois inconscientes no tapete manchado de sangue, espancados, arranhados e sovados, e com os restos quebrados de garrafas e instrumentos de West ao nosso redor. Apenas uma janela aberta contava o que havia acontecido com nosso agressor, e muitos se perguntavam como ele teria sobrevivido após o terrível salto do segundo andar para o gramado. Havia algumas roupas estranhas no quarto, mas West, ao recobrar a consciência, disse que não pertenciam ao estranho, mas eram amostras coletadas para análise bacteriológica no curso de investigações sobre a transmissão de doenças bacterianas. Ele ordenou que fossem queimadas o mais rápido possível na lareira. À polícia, ambos declaramos desconhecer a identidade do nosso falecido companheiro. Ele era, disse West nervosamente, um estranho simpático que havíamos conhecido em algum bar do centro da cidade de localização incerta. Todos nós tínhamos nos divertido bastante, e West e eu não queríamos que nosso companheiro combativo fosse caçado.

Naquela mesma noite, começou o segundo horror de Arkham — o horror que, para mim, eclipsou a própria praga. O Cemitério de Christchurch foi palco de um terrível assassinato; um vigia tinha sido ferido com garras até a morte de uma maneira não apenas muito hedionda para descrição, mas levantando uma dúvida quanto à ação humana do ato. A vítima foi vista viva consideravelmente depois da meia-noite — o amanhecer revelou o indizível. O gerente de um circo na cidade vizinha de Bolton foi questionado, mas ele jurou que nenhum animal havia escapado de sua jaula. Aqueles que encontraram o corpo notaram um rastro de sangue que levava ao túmulo receptor, onde uma pequena poça vermelha estava no concreto do lado de fora do portão. Um rastro mais tênue levava em direção à floresta, mas logo cessou.

Na noite seguinte, demônios dançaram nos telhados de Arkham, e uma loucura sobrenatural uivava ao vento. Através da cidade febril, havia rastejado uma maldição que alguns diziam ser maior que a doença, e que alguns sussurravam ser a alma demoníaca encarnada da própria praga. Oito casas foram invadidas por uma coisa sem nome que espalhou a morte rubra em seu rastro — ao todo, dezessete restos de corpos mutilados e disformes foram deixados para trás pelo monstro sádico e sem voz que se esgueirou para o exterior. Algumas pessoas o viram pela metade no escuro e disseram que era branco e parecia um macaco deformado ou um demônio antropomórfico. Não havia deixado para trás tudo o que havia atacado, pois às vezes estava com fome. O número que havia matado era quatorze; três dos corpos estavam em casas atingidas pela peste e já não estavam vivos.

Na terceira noite, bandos frenéticos de buscadores, liderados pela polícia, o capturaram em uma casa na Crane Street, perto do campus de Miskatonic. Eles organizaram a busca com cuidado, mantendo contato por meio de estações telefônicas voluntárias, e quando alguém no distrito universitário relatou ter ouvido um arranhar em uma janela fechada, a rede se espalhou rapidamente. Por conta do alarme geral e precauções, houve apenas mais duas vítimas, e a captura foi efetuada sem maiores baixas. A coisa foi finalmente parada por uma bala, embora não fatal, e foi levada às pressas para o hospital local em meio à excitação e ao ódio geral.

Era um homem. Isso ficou claro, apesar dos olhos nauseados, do simianismo sem voz e da selvageria demoníaca. Eles fizeram um curativo em seu ferimento e o levaram para o asilo de Sefton, onde ele bateu a cabeça nas paredes de uma cela acolchoada por dezesseis anos — até o recente acidente, quando escapou em circunstâncias que poucos gostam de mencionar. O que mais enojou os investigadores de Arkham foi o que eles notaram quando o rosto do monstro foi limpo — a zombeteira e inacreditável semelhança com um mártir erudito e abnegado que havia sido sepultado apenas três dias antes — o falecido Dr. benfeitor e reitor da faculdade de medicina da Universidade Miskatonic.

Para o desaparecido Herbert West e para mim, o desgosto e o horror eram supremos. Estremeço esta noite ao pensar nisso; estremeço ainda mais do que eu fiz naquela manhã quando West murmurou através de suas bandagens:

"Diabo, não estava fresco o suficiente!"

III. SEIS TIROS À MEIA-NOITE

É incomum disparar todos os seis tiros de um revólver com grande rapidez quando um provavelmente seria suficiente, mas muitas coisas na vida de Herbert West eram incomuns. Por exemplo, não é sempre que um jovem médico que sai da faculdade é obrigado a ocultar os princípios que orientam sua escolha de uma casa e um consultório, mas foi o caso de Herbert West. Quando ele e eu obtivemos nossos diplomas na faculdade de medicina da Universidade Miskatonic e procuramos aliviar nossa pobreza estabelecendo-nos como clínicos gerais, tomamos muito cuidado para não dizer que escolhemos a casa porque era bastante isolada e tão próxima quanto possível ao campo do oleiro.

Discrições como essas raramente são sem causa, tampouco foi a nossa; pois nossas necessidades eram aquelas resultantes de um trabalho de vida distintamente impopular. Externamente, éramos apenas médicos, mas sob a superfície havia objetivos de momentos muito maiores e mais terríveis — pois a essência da existência de Herbert West era uma busca em meio a reinos obscuros e proibidos do desconhecido, nos quais ele esperava descobrir o segredo da vida e restaurar para uma animação perpétua o barro frio do cemitério. Tal busca exige materiais estranhos, entre eles corpos humanos frescos; e para se manter abastecido com essas coisas indispensáveis, deve-se viver tranquilamente e perto de um local de valas comuns.

West e eu nos conhecemos na faculdade, e eu fui o único a simpatizar com seus experimentos hediondos. Gradualmente, tornei-me seu assistente inseparável, e agora que estávamos fora da faculdade tínhamos que nos manter juntos. Não foi fácil encontrar uma boa vaga para dois médicos juntos, mas finalmente a influência da universidade nos garantiu um consultório em Bolton — uma cidade industrial perto de Arkham, a sede da faculdade. A Bolton Worsted Mills é a maior fábrica têxtil do Vale Miskatonic, e seus funcionários poliglotas nunca são populares como pacientes com os médicos locais. Escolhemos nossa casa com o maior cuidado, escolhendo finalmente um chalé bastante decadente perto do final da Pond Street; a cinco números do vizinho mais próximo e separado do campo do oleiro local por apenas um trecho de prado, cortado por uma estreita trilha da floresta bastante densa que fica ao norte. A distância era maior do que desejávamos, mas não encontraríamos uma casa mais próxima sem ir para o outro lado do campo, totalmente fora do distrito fabril. No entanto, não ficamos muito descontentes, pois não havia pessoas entre nós e nossa sinistra fonte de suprimentos. A caminhada era um pouco longa, mas poderíamos transportar nossos espécimes silenciosos sem perturbação.

Nosso consultório era surpreendentemente maior que o primeiro — o suficiente para agradar a maioria dos jovens médicos e para ser um tédio e um fardo para os alunos cujo real interesse estava em outro lugar. Os operários eram de inclinações um tanto turbulentas; e além de suas muitas necessidades naturais, seus confrontos frequentes e brigas de facadas nos deram muito o que fazer. Mas o que realmente absorvia nossas mentes era o laboratório secreto que havíamos montado no porão — o laboratório com uma longa mesa sob as luzes elétricas, onde nas primeiras horas da manhã muitas vezes injetávamos as várias soluções de West nas veias das coisas que arrastávamos do campo do oleiro. West estava pesquisando loucamente para encontrar algo que reiniciasse os movimentos vitais do homem depois de terem sido interrompidos pela coisa que chamamos de morte, mas encontrava os obstáculos mais medonhos.

Os corpos tinham que estar extremamente frescos, ou a leve decomposição do tecido cerebral tornaria impossível a reanimação perfeita. Na verdade, o maior problema era deixá-los frescos o suficiente — West tivera experiências horríveis durante suas pesquisas secretas na faculdade com cadáveres de safra duvidosa. Os resultados da animação parcial ou imperfeita eram muito mais hediondos do que os fracassos totais, e ambos tínhamos lembranças assustadoras dessas coisas. Desde nossa primeira sessão demoníaca na fazenda deserta na Colina Meadow, em Arkham, sentíamos uma ameaça; e West, embora calmo, loiro e de olhos azuis serenos, muitas vezes confessava uma sensação arrepiante de perseguição furtiva. Ele sentia que estava sendo seguido — uma ilusão psicológica de nervos abalados, realçada pelo fato inegavelmente perturbador de que pelo menos um de nossos espécimes reanimados ainda estava vivo — uma coisa carnívora assustadora em uma cela acolchoada em Sefton. Depois houve outro, nosso primeiro, cujo destino exato nunca soubemos.

Tivemos sorte com espécimes em Bolton — muito melhor do que em Arkham. Menos de uma semana depois de nos instalarmos, conseguimos uma vítima de acidente na mesma noite do enterro, e fizemos com que ela abrisse os olhos com uma expressão incrivelmente racional antes que a solução falhasse. A vítima perdera um braço — se fosse um corpo perfeito, talvez tivéssemos mais sucesso. Dali até o próximo janeiro conseguimos mais três; uma falha total, um caso de movimento muscular acentuado e uma coisa um tanto trêmula — ele se ergueu e emitiu um som. Então veio um período em que os enterros rarearam, e os que ocorreram eram de espécimes muito doentes ou muito mutilados para uso. Mantivemos o registro de todas as mortes e suas circunstâncias com cuidado sistemático.

Em uma noite de março, porém, inesperadamente obtivemos um espécime que não veio do campo do oleiro. Em Bolton, o espírito predominante do puritanismo havia proibido o boxe — com o resultado usual. As lutas clandestinas e mal dirigidas entre os trabalhadores da fábrica eram comuns, e ocasionalmente talentos profissionais de baixa categoria eram importados. Naquela noite de fim de inverno, aconteceu uma dessas lutas; evidentemente com resultados desastrosos, pois dois poloneses temerosos vieram até nós com súplicas incoerentemente sussurradas para atender a um caso muito secreto e desesperado. Nós os seguimos até um celeiro abandonado, onde os restos de uma multidão de estrangeiros assustados observavam uma forma negra silenciosa no chão.

A partida tinha sido entre Kid O'Brien — um jovem gorducho e agora trêmulo, com um nariz adunco nada irlandês — e Buck Robinson, "A fumaça do Harlem". O homem negro havia sido nocauteado, e uma examinação rápida nos mostrou que ele permaneceria assim para sempre. Ele era uma coisa repugnante, parecida com um gorila, com braços anormalmente longos que não pude deixar de chamar de patas dianteiras, e um rosto que evocava pensamentos de segredos indescritíveis do Congo e pancadas ruidosas sob uma lua misteriosa. O corpo deve ter parecido ainda pior em vida, mas o mundo guarda muitas coisas feias. O medo estava sobre toda a lamentável multidão, pois eles não sabiam o que a lei exigiria deles se o caso não fosse abafado; e ficaram agradecidos quando West, apesar dos meus estremecimentos involuntários, se ofereceu para se livrar da coisa discretamente — com um propósito que eu conhecia muito bem.

Havia um luar brilhante sobre a paisagem sem neve, então vestimos a coisa e a carregamos para casa pelas ruas e prados desertos, como havíamos carregado uma coisa semelhante em uma noite horrível em Arkham. Aproximamo-nos da casa pelo campo nos fundos, entramos com o espécime pela porta dos fundos, descemos as escadas do porão e o preparamos para o experimento usual. Nosso medo da polícia era absurdamente grande, embora tivéssemos programado nossa viagem para evitar o patrulheiro solitário daquele setor.

O resultado foi um anticlímax fatigante. Por mais medonho que nosso prêmio parecesse, ele não respondia a nenhuma das soluções que injetamos em seu braço negro; soluções preparadas a partir da experiência apenas com amostras brancas. Assim, à medida que a hora se aproximava perigosamente do amanhecer, fizemos como havíamos feito com os outros — arrastamos a coisa pelos prados até a floresta perto do campo do oleiro e a enterramos lá, no melhor tipo de sepultura que um chão congelado forneceria. A cova não era muito profunda, mas tão boa quanto a do espécime anterior — aquela coisa que havia se erguido por si mesma e emitido um som. À luz de nossas lanternas, nós cobrimos a cova cuidadosamente com folhas e cipós, quase certos de que a polícia nunca a encontraria em uma floresta tão escura e densa.

No dia seguinte, eu estava cada vez mais apreensivo com a polícia, pois um paciente trouxe rumores de uma suspeita de briga e morte. West ainda tinha outra fonte de preocupação, pois fora chamado à tarde para um caso que terminou de forma muito ameaçadora. Uma mulher italiana ficara histérica por causa do filho desaparecido — um rapaz de cinco anos que se afastara de manhã cedo e não aparecera para jantar — e desenvolvera sintomas altamente alarmantes por causa de um coração fraco. Foi uma histeria muito tola, pois o menino já havia fugido muitas vezes; mas os camponeses italianos são extremamente supersticiosos, e essa mulher parecia tão atormentada por presságios quanto por fatos. Por volta das sete horas da noite, ela morreu, e seu marido frenético fez uma cena assustadora, ameaçando matar West, a quem ele culpou descontroladamente por não salvar a vida de sua esposa. Amigos o seguraram quando ele puxou um estilete, mas West lançou em meio a seus gritos desumanos maldições e juramentos de vingança. Em sua última aflição, o sujeito parecia ter esquecido seu filho, que ainda estava desaparecido enquanto a noite avançava. Falou-se em revistar a floresta, mas a maioria dos amigos da família estava ocupada com a mulher morta e o homem que gritava. Ao todo, a tensão nervosa sobre West deve ter sido tremenda. Pensamentos na polícia e no italiano maluco pesavam muito.

Nós nos deitamos por volta das onze, mas eu não dormi bem. Bolton tinha uma força policial surpreendentemente boa para uma cidade tão pequena, e não pude deixar de temer a confusão que aconteceria se o caso da noite anterior fosse descoberto. Poderia significar o fim de todo o nosso trabalho local — e talvez a prisão tanto para West quanto para mim. Eu não gostava daqueles rumores de uma briga que estavam circulando. Depois que o relógio bateu três horas, a lua brilhou em meus olhos, mas eu me virei sem me levantar para baixar a cortina. Então veio aquele barulho constante na porta dos fundos.

Fiquei imóvel e um pouco atordoado, mas logo ouvi a batida de West na minha porta. Ele estava vestido de roupão e chinelos, e tinha nas mãos um revólver e uma lanterna. Pelo revólver eu sabia que ele estava pensando mais no italiano maluco do que na polícia.

— É melhor nós dois irmos —, ele sussurrou. — Não adiantaria não atender, e pode ser um paciente — é típico desses tolos tentar a porta dos fundos.

Então nós dois descemos as escadas na ponta dos pés, com um medo em parte justificado e em parte aquele que só vem da alma das estranhas na madrugada. O barulho ficou um pouco mais alto. Quando chegamos à porta, eu a destranquei cautelosamente e a abri, e enquanto a lua fluía reveladora sobre a silhueta ali, West fez uma coisa peculiar. Apesar do perigo óbvio de chamar a atenção e trazer sobre nossas cabeças a temida investigação policial — uma coisa que, afinal, foi misericordiosamente evitada pelo relativo isolamento de nossa casa —, meu amigo, de repente, de forma súbita e desnecessária, esvaziou todas as seis balas de seu revólver no visitante noturno.

Aquele visitante não era italiano nem policial. Assomando-se horrivelmente contra a lua espectral, havia uma coisa gigantesca e disforme que não podia ser imaginada a não ser em pesadelos — uma aparição negra de olhos vidrados, quase de quatro, coberta com pedaços de barro, folhas, trepadeiras, suja de sangue endurecido e tendo entre os dentes brilhantes um objeto cilíndrico, terrível e branco como a neve, terminando em uma mão minúscula.

IV. O GRITO DO MORTO

O grito de um morto deu-me aquele horror agudo e acrescido, parecido com o que sentia o Dr. Herbert West, horror que assolou os últimos anos de nossa amizade. É natural que algo como o grito de um morto cause horror, pois obviamente não é uma ocorrência agradável ou comum; mas eu estava acostumado a experiências semelhantes, portanto, sofri nessa ocasião apenas por causa de uma circunstância particular. E, como sugeri, não foi do próprio morto que fiquei com medo.

Herbert West, de quem eu era associado e assistente, possuía interesses científicos muito além da rotina habitual de um médico de aldeia. Foi por isso que, ao estabelecer seu consultório em Bolton, ele escolheu uma casa isolada perto do campo do oleiro. O único objetivo verdadeiro de West era um estudo secreto dos fenômenos da vida e sua cessação, levando à reanimação dos mortos por meio de injeções de uma solução excitante. Para essa experiência medonha, era necessário ter um suprimento constante de corpos humanos muito frescos; muito fresco porque mesmo o menor decaimento danificaria irremediavelmente a estrutura do cérebro, e humano porque descobrimos que a solução tinha que ser composta de forma diferente para diferentes tipos de organismos. Dezenas de coelhos e porquinhos-da-índia foram mortos e tratados, mas esse processo foi inútil. West nunca teve sucesso total porque nunca foi capaz de obter um cadáver suficientemente fresco. O que ele queria eram corpos dos quais a vitalidade acabara de sair; corpos com todas as células intactas e capazes de receber novamente o impulso para aquele modo de movimento chamado vida. Havia esperança de que essa segunda vida artificial pudesse se tornar perpétua pelas repetições da injeção, mas havíamos aprendido que uma vida natural comum não responderia à ação. Para estabelecer o movimento artificial, a vida natural deve ser extinta — os espécimes devem estar muito frescos, mas genuinamente mortos.

A espantosa busca começou quando West e eu éramos estudantes da Faculdade de Medicina da Universidade Miskatonic, em Arkham, vividamente conscientes pela primeira vez da natureza completamente mecânica da vida. Isso foi sete anos antes, mas West parecia não ter envelhecido um dia sequer — ele era pequeno, loiro, barbeado, de voz suave e de óculos, com apenas um lampejo ocasional de um frio olho azul para mostrar o endurecimento e o crescente fanatismo de seu caráter sob a pressão de suas terríveis investigações. Nossas experiências muitas vezes foram horríveis ao extremo, resultados de uma reanimação defeituosa, quando pedaços de barro de cemitério foram galvanizados em movimento mórbido, antinatural e sem cérebro por várias modificações da solução vital.

Uma coisa havia soltado um grito de estremecer os nervos; outra havia se levantado violentamente, nos espancado até a inconsciência e enlouquecido de maneira chocante antes que pudesse ser colocada atrás das grades do asilo; ainda outra, uma monstruosidade africana repugnante, havia saído de sua cova rasa e cometido um delito — West teve que atirar naquela coisa. Não conseguimos obter corpos frescos o suficiente para mostrar qualquer traço de razão quando reanimados, então, forçosamente, criamos horrores inomináveis. Era perturbador pensar que um, talvez dois, de nossos monstros ainda vivesse — esse pensamento nos assombrava, até que finalmente West desapareceu em circunstâncias assustadoras. Mas, por ocasião do grito no laboratório do porão da cabana isolada de Bolton, nossos medos estavam subordinados à nossa ansiedade por espécimes extremamente frescos. West era mais ávido do que eu, às vezes me parecia que olhava com cobiça para qualquer pessoa viva muito saudável.

Foi em julho de 1910 que a má sorte em relação aos espécimes começou a virar. Eu estivera em uma longa visita a meus pais em Illinois e, ao retornar, encontrei West num estado de singular euforia. Ele tinha, me contou com entusiasmo, com toda a probabilidade, resolvido o problema do frescor através de uma abordagem de um ângulo inteiramente novo — o da preservação artificial. Eu sabia que ele estava trabalhando em um composto de embalsamamento novo e altamente incomum, e não fiquei surpreso por ter dado certo; mas até ele explicar os detalhes, fiquei bastante intrigado sobre como tal composto poderia ajudar em nosso trabalho, uma vez que a censurável obsolescência dos espécimes se devia em grande parte ao atraso ocorrido antes de os conseguirmos. Isso, agora eu via, West havia reconhecido claramente; criando seu composto de embalsamamento para uso futuro e não imediato, e confiando no destino para fornecer novamente algum cadáver muito recente e insepulto, como havia feito anos antes, quando obtivemos o negro morto na luta de Bolton. Por fim, o destino foi gentil, de modo que nesta ocasião jazia no laboratório do porão secreto um cadáver cuja decomposição não poderia de forma alguma ter começado. O que aconteceria na reanimação e se poderíamos esperar um renascimento da mente e da razão, West não se aventurou a prever. A experiência seria um marco em nossos estudos, e ele havia guardado o novo corpo para o meu retorno, para que ambos pudéssemos compartilhar o espetáculo da maneira habitual.

West me contou como havia obtido o espécime. Fora um homem vigoroso; um estranho bem vestido que acabava de sair do trem a caminho de fazer negócios com a Bolton Worsted Mills. A caminhada pela cidade fora longa e, quando o viajante parou em nossa cabana para perguntar o caminho para a fábrica, seu coração estava muito sobrecarregado. Ele recusou um estimulante e de repente caiu morto. O corpo, como era de se esperar, parecia a West um presente enviado dos céus. Em sua breve conversa, o estranho deixou claro que ele era desconhecido em Bolton, e uma busca em seus bolsos posteriormente revelou que ele era um certo Robert Leavitt de St. Louis, aparentemente sem família para fazer perguntas instantâneas sobre seu desaparecimento. Se esse homem não pudesse ser restaurado à vida, ninguém saberia de nosso experimento. Enterrávamos nossos materiais em uma densa faixa de mata entre a casa e o campo do oleiro. Se, por outro lado, ele pudesse ser restaurado, nossa fama seria brilhante e perpetuamente estabelecida. Então, sem demora, West injetou no pulso do corpo o composto que o manteria fresco para uso após minha chegada. A questão do coração presumivelmente fraco, que a meu ver ameaçava o sucesso de nosso experimento, não parecia incomodar muito West. Ele esperava finalmente obter o que nunca havia obtido antes — uma centelha de razão reacendida e talvez uma criatura normal e viva.

Assim, na noite de 18 de julho de 1910, Herbert West e eu estávamos no laboratório do porão observando uma figura branca e silenciosa sob a luz ofuscante do arco. O composto de embalsamamento tinha funcionado incrivelmente bem, pois enquanto eu olhava fascinado para a estrutura robusta que ficara duas semanas sem enrijecer, fui levado a buscar a garantia de West de que a coisa estava realmente morta. Essa garantia ele deu prontamente; lembrando-me que a solução reanimadora nunca foi usada sem cuidadosos testes de vida; uma vez que não poderia ter efeito se alguma vitalidade original estivesse presente. À medida que West dava os passos preliminares, fiquei impressionado com a grande complexidade do novo experimento; uma complexidade tão vasta que ele não podia confiar em nenhuma mão menos delicada que a sua. Proibindo-me de tocar o corpo, ele primeiro injetou uma droga no pulso ao lado do local onde sua agulha havia perfurado ao injetar o composto de embalsamamento. Isso, disse ele, era para neutralizar o composto e liberar o sistema para um relaxamento normal, para que a solução reanimadora pudesse funcionar livremente quando injetada. Pouco depois, quando uma mudança e um leve tremor pareceram afetar os membros mortos, West enfiou violentamente um objeto semelhante a um travesseiro sobre o rosto que se contorcia, não o retirando até que o cadáver parecesse quieto e pronto para nossa tentativa de reanimação. O pálido entusiasta agora aplicou alguns últimos testes superficiais para a absoluta falta de vida, retirou-se satisfeito e finalmente injetou no braço esquerdo uma quantidade medida com precisão do elixir vital, preparado durante a tarde com maior cuidado do que usávamos desde os tempos de faculdade, quando nossos feitos eram novos e ignorantes. Não posso expressar o terrível suspense em que esperamos os resultados desse primeiro espécime realmente fresco — o primeiro do qual poderíamos esperar que abrisse os lábios numa fala racional, talvez para contar o que teria visto além do abismo insondável.

West era um materialista, não acreditando em nenhuma alma e atribuindo todo o funcionamento da consciência aos fenômenos corporais; consequentemente, ele não procurou revelação de segredos hediondos de golfos e cavernas além da barreira da morte. Eu não discordava totalmente dele teoricamente, mas guardava vagos resquícios instintivos da fé primitiva de meus antepassados; de modo que não pude deixar de olhar para o cadáver com certo espanto e terrível expectativa. Além disso, não consegui extrair da minha memória aquele grito horrendo e desumano que ouvimos na noite em que tentamos nosso primeiro experimento na fazenda deserta de Arkham.

Muito pouco tempo se passou antes que eu visse que a tentativa não seria um fracasso total. Um toque de cor veio às bochechas até então brancas como giz e se espalhou sob a barba curiosamente ampla e arenosa. West, que estava com a mão no pulso esquerdo, de repente assentiu significativamente; e quase simultaneamente uma névoa apareceu no espelho inclinado sobre a boca do corpo. Seguiram-se alguns movimentos musculares espasmódicos, e depois uma respiração audível e um movimento visível do peito. Olhei para as pálpebras fechadas e pensei ter detectado um tremor. Então as pálpebras se abriram, mostrando olhos cinzentos, calmos e vivos, mas ainda pouco inteligentes e nem mesmo curiosos.

Num momento de capricho fantástico, sussurrei perguntas aos ouvidos avermelhados; questões de outros mundos que podiam ainda estar presentes na memória. O terror subsequente as afastou da minha mente, mas acho que a última, que repeti, foi: "Onde você esteve?" Ainda não sei se fui atendido ou não, pois nenhum som saiu da boca bem formada; mas sei que naquele momento pensei firmemente que os lábios finos se moviam silenciosamente, formando sílabas que eu teria vocalizado como "só agora" se aquela frase tivesse algum sentido ou relevância. Naquele momento, como digo, exultava com a convicção de que o único grande objetivo havia sido alcançado; e que pela primeira vez um cadáver reanimado pronunciou palavras distintas impelidas pela razão real. No momento seguinte, não havia dúvidas sobre o triunfo; certamente a solução tinha cumprido, pelo menos temporariamente, sua plena missão de restaurar a vida racional e articulada aos mortos. Mas nesse triunfo ocorreu-me o maior de todos os horrores — não o horror à coisa que falava, mas ao feito que eu testemunhara e ao homem com quem minhas fortunas profissionais se juntaram.

Pois aquele corpo muito fresco, finalmente se contorcendo em plena e aterrorizante consciência, com os olhos dilatados pela lembrança de sua última cena na terra, estendeu suas mãos frenéticas em uma luta de vida ou morte com o ar; e subitamente desmoronando em uma segunda e última dissolução da qual não poderia haver retorno, soltou o grito que ressoará eternamente em meu cérebro dolorido:

— Socorro! Afaste-se, seu maldito demônio loiro — mantenha essa maldita agulha longe de mim!

V. O HORROR DAS SOMBRAS

Muitos homens relataram coisas horríveis, não mencionadas na imprensa, que aconteceram nos campos de batalha da Grande Guerra. Algumas dessas coisas me fizeram desmaiar, outras me convulsionaram com uma náusea devastadora, enquanto outras ainda me fazem tremer e olhar para trás no escuro; no entanto, apesar de todas elas, acredito que posso relatar a coisa mais hedionda de todas — o horror chocante, antinatural, inacreditável das sombras.

Em 1915 eu era um médico com a patente de primeiro-tenente em um regimento canadense em Flandres, um dos muitos americanos que precederam o próprio governo na gigantesca luta. Eu não tinha entrado no exército por iniciativa própria, mas sim como resultado natural do alistamento do homem de quem eu era assistente indispensável — o célebre especialista em cirurgia de Boston, Dr. Herbert West. O Dr. West estava ávido por uma chance de servir como cirurgião em uma grande guerra, e quando a chance surgiu, ele me carregou com ele quase contra a minha vontade. Havia razões pelas quais eu teria ficado feliz em deixar a guerra nos separar; razões pelas quais eu achava a prática da medicina e a companhia de West cada vez mais irritantes; mas quando ele foi para Ottawa e por influência de um colega conseguiu uma comissão médica como Major, não pude resistir à imperiosa persuasão de alguém determinado a acompanhá-lo em minha condição habitual.

Quando digo que o Dr. West estava ávido por servir na batalha, não quero dizer que ele era naturalmente belicoso ou ansioso pela segurança da civilização. Ele sempre foi uma fria máquina intelectual; magro, loiro, de olhos azuis e de óculos. Acho que ele secretamente zombou de meus ocasionais entusiasmos bélicos e censuras de neutralidade indolente. Havia, no entanto, algo que ele queria dos campos de batalha de Flandres; e para assegurar que conseguiria teve de assumir um exterior militar. O que ele queria não era algo que muitas pessoas desejam, mas algo relacionado com o ramo peculiar da ciência médica que ele havia escolhido clandestinamente para seguir, e no qual ele havia alcançado resultados surpreendentes e ocasionalmente hediondos. Era, de fato, nada mais nada menos do que um suprimento abundante de homens recém-mortos em cada estágio de desmembramento.

Herbert West precisava de corpos frescos porque o trabalho de sua vida era a reanimação dos mortos. Esse trabalho não era conhecido da clientela elegante com quem tão rapidamente construiu sua fama após sua chegada a Boston; mas era muito conhecido por mim, que tinha sido seu amigo mais próximo e único assistente desde os velhos tempos na Faculdade de Medicina da Universidade Miskatonic, em Arkham. Foi naqueles dias de faculdade que ele começou seus terríveis experimentos, primeiro em pequenos animais e depois em corpos humanos obtidos de forma chocante. Havia uma solução que ele injetava nas veias de coisas mortas e, se estivessem frescas o suficiente, elas reagiam de maneiras estranhas. Ele teve muita dificuldade em descobrir a fórmula adequada, pois cada tipo de organismo precisava de um estímulo especialmente adaptado a ele. O terror o perseguia quando refletia sobre seus fracassos parciais; coisas sem nome resultantes de soluções imperfeitas ou de corpos insuficientemente frescos. Um certo número desses fracassos havia permanecido vivo — um estava em um hospício, enquanto outros haviam desaparecido — e, ao pensar em eventualidades concebíveis, mas virtualmente impossíveis, muitas vezes estremecia sob sua habitual frieza.

West logo aprendeu que o frescor absoluto era o principal requisito para espécimes úteis e, consequentemente, recorreu a expedientes assustadores e não naturais para roubar corpos. Na faculdade e durante nossos primeiros treinos juntos na cidade fabril de Bolton, minha atitude em relação a ele tinha sido em grande parte de admiração fascinada; mas à medida que sua ousadia nos métodos crescia, comecei a desenvolver um medo corrosivo. Eu não gostava da maneira como ele olhava para corpos vivos e saudáveis; e então houve uma sessão de pesadelo no laboratório do porão, quando soube que um certo espécime era um corpo vivo quando ele o prendeu. Essa foi a primeira vez que ele conseguiu reviver a qualidade do pensamento racional em um cadáver; e seu sucesso, obtido a um custo tão repugnante, o endureceu completamente.

De seus métodos nos cinco anos seguintes, não ouso falar. Eu estava preso a ele por pura força de medo, e testemunhei visões que nenhuma língua humana poderia repetir. Gradualmente, comecei a achar o próprio Herbert West mais horrível do que qualquer coisa que ele fez — foi quando me dei conta de que seu zelo científico normal por prolongar a vida havia sutilmente degenerado em uma mera curiosidade mórbida e macabra e uma sensação secreta e pitoresca da coisa sepulcral. Seu interesse tornou-se um vício infernal e perverso por tudo que era repugnante e diabolicamente anormal; ele se regozijava calmamente com monstruosidades artificiais que fariam a maioria dos homens saudáveis morrer de medo e desgosto; ele se tornou, por trás de sua pálida intelectualidade, um meticuloso Baudelaire[46] de experimentos físicos — um lânguido Heliogábalo[47] das tumbas.

Perigos que ele enfrentava sem vacilar; crimes que cometeu impassível. Acho que o clímax veio quando ele provou seu ponto de vista de que a vida racional pode ser restaurada e procurou novos mundos para conquistar experimentando a reanimação de partes separadas de corpos. Ele tinha ideias extravagantes e originais sobre as propriedades vitais independentes das células orgânicas e dos tecidos nervosos separados dos sistemas fisiológicos naturais; e alcançou alguns resultados preliminares hediondos na forma de tecido nutrido artificialmente, que nunca morre, obtido dos ovos quase eclodidos de um indescritível réptil tropical. Dois pontos biológicos que ele estava extremamente ansioso para resolver — primeiro, se alguma quantidade de consciência e ação racional seria possível sem o cérebro, procedente da medula espinhal e de vários centros nervosos; e segundo, se poderia existir uma relação etérea, intangível, distinta das células materiais, para ligar as partes cirurgicamente separadas do que antes era um único organismo vivo. Todo esse trabalho de pesquisa exigia um suprimento prodigioso de carne humana recém-abatida — e foi por isso que Herbert West entrou na Grande Guerra.

A coisa fantasmagórica e inominável ocorreu à meia-noite do final de março de 1915, em um hospital de campanha atrás das linhas de St. Eloi. Eu me pergunto mesmo agora se não poderia ter sido algo além de um sonho demoníaco de delírio. West tinha um laboratório particular em uma sala leste do edifício

---

46   Charles Baudelaire (1821 - 1867) foi um poeta boêmio e teórico da arte francesa.
47   Heliogábalo foi um controverso Imperador romano.

temporário, semelhante a um celeiro, designado a ele sob seu argumento de que ele estava inventando métodos novos e radicais para o tratamento de casos de mutilação até então sem esperança. Lá, ele trabalhava como um açougueiro no meio de suas mercadorias sangrentas — eu nunca poderia me acostumar com a leviandade com que ele manuseava e classificava certas coisas. Às vezes, ele realmente realizava maravilhas cirúrgicas para os soldados; mas seu deleite principal era de um tipo menos público e filantrópico, exigindo muitas explicações de sons que pareciam peculiares mesmo em meio àquela babel dos condenados. Entre esses sons estavam frequentes tiros de revólver — certamente não incomuns em um campo de batalha, mas distintamente incomuns em um hospital. Os espécimes reanimados do Dr. West não foram feitos para uma longa existência ou um grande público. Além do tecido humano, West empregou muito do tecido embrionário de répteis que havia cultivado com resultados singulares. Era melhor do que o material humano para manter a vida em fragmentos sem órgãos, e essa era agora a principal atividade do meu amigo. Em um canto escuro do laboratório, sobre um estranho queimador de incubação, ele mantinha um grande tonel cheio dessa matéria celular reptiliana; que se multiplicava e crescia de maneira abundante e repelente.

Na noite de que falo, tivemos um esplêndido novo espécime — um homem ao mesmo tempo fisicamente poderoso e de mentalidade tão elevada que assegurava um sistema nervoso sensível. Era bastante irônico, pois ele era o oficial que ajudara West em sua comissão e que agora seria nosso associado. Além disso, no passado ele havia estudado secretamente a teoria da reanimação, até certo ponto, como West. O major Sir Eric Moreland Clapham-Lee, DSO., era o maior cirurgião de nossa divisão, e fora designado às pressas para o setor de St. Eloi quando as notícias dos intensos combates chegaram ao quartel-general. Ele viera em um avião pilotado pelo intrépido tenente Ronald Hill, apenas para ser abatido quando estava sobre seu destino. A queda fora espetacular e terrível. Hill ficou irreconhecível depois, mas os destroços revelaram o grande cirurgião em uma condição quase decapitada, mas intacta. West apoderara-se avidamente da coisa sem vida que um dia fora seu amigo e colega de estudos; e estremeci quando ele terminou de cortar a cabeça, colocou-a em seu infernal tonel de tecido polpudo de répteis para preservá-la para experimentos futuros e começou a tratar o corpo decapitado na mesa de operação. Ele injetou sangue novo, juntou certas veias, artérias e nervos no pescoço sem cabeça e fechou a abertura medonha com pele enxertada de um espécime não identificado que trazia um uniforme de oficial. Eu sabia o que ele queria — ver se esse corpo altamente organizado poderia exibir, sem a cabeça, algum dos sinais de vida mental que distinguiram Sir Eric Moreland Clapham-Lee. Uma vez um estudante de reanimação, esse tronco silencioso agora era horrivelmente usado para exemplificar uma teoria.

Ainda posso ver Herbert West sob a sinistra luz elétrica enquanto injetava sua solução reanimadora no braço do corpo sem cabeça. A cena não posso descrever — eu desmaiaria se tentasse, pois reina a loucura em uma sala cheia de objetos básicos categorizados, com sangue e detritos humanos de menor relevância quase na altura dos tornozelos no chão viscoso, e com horríveis anormalidades reptilianas brotando, borbulhando, assadas sobre um espectro verde azulado de uma chama fraca em um canto repleto de sombras negras.

O espécime, como West observou repetidamente, tinha um sistema nervoso esplêndido. Muito se esperava dele; e quando alguns movimentos de contração começaram a aparecer, pude ver o interesse febril no rosto de West. Ele estava pronto, eu acho, para ver a prova de sua opinião, cada vez mais forte, de que consciência, razão e personalidade podem existir independentemente do cérebro — aquele homem não tem espírito conectivo central, é apenas uma máquina de matéria nervosa, cada seção mais ou menos completa em si. Em uma demonstração triunfante, West estava prestes a relegar o mistério da vida à categoria de mito. O corpo agora se contorcia mais vigorosamente, e sob nossos olhos ávidos começou a se erguer de uma maneira assustadora. Os braços se agitavam inquietamente, as pernas se levantavam e vários músculos se contraíam, em uma espécie de contorção repulsiva. Então a coisa sem cabeça estendeu os braços em um gesto inconfundivelmente de desespero — um desespero inteligente, aparentemente suficiente para provar todas as teorias de Herbert West. Certamente, os nervos lembravam do último ato do homem na vida; a luta para se livrar do avião em queda.

O que se seguiu, eu nunca saberei positivamente. Pode ter sido totalmente uma alucinação do choque causado naquele instante pela destruição repentina e completa do prédio em um cataclismo de fogo de artilharia alemã — quem pode contradizer isso, já que West e eu fomos os únicos sobreviventes comprovados? West gostava de pensar isso antes de seu recente desaparecimento, mas havia momentos em que não conseguia; pois era estranho que ambos tivéssemos a mesma alucinação. A occorrência hedionda em si era muito simples, notável apenas pelo que implicava.

O corpo sobre a mesa havia se levantado com um tatear cego e terrível, e ouvimos um som. Eu não deveria chamar aquele som de voz, pois era horrível demais. E, no entanto, seu timbre não era a coisa mais horrível sobre isso. Tampouco era a sua mensagem — apenas gritava: — Pule, Ronald, pelo amor de Deus, pule! — A coisa horrível era sua fonte.

Pois tinha vindo do grande tonel coberto naquele canto macabro de sombras negras rastejantes.

VI. AS LEGIÕES DO TÚMULO

Quando o Dr. Herbert West desapareceu, há um ano, a polícia de Boston me questionou muito. Eles suspeitavam que eu estava escondendo algo, e talvez suspeitassem de coisas mais graves; mas eu não podia dizer-lhes a verdade porque eles não teriam acreditado. Eles sabiam, de fato, que West estivera ligado a atividades além da credibilidade dos homens comuns; pois seus horríveis experimentos na reanimação de cadáveres há muito eram extensos demais para admitir um segredo perfeito; mas a catástrofe final destruidora da alma continha elementos de fantasia demoníaca que me fazem duvidar da realidade do que vi.

Eu era o amigo mais próximo de West e o único assistente confidencial. Havíamos nos conhecido anos antes, na faculdade de medicina, e desde o início eu compartilhei suas terríveis pesquisas. Ele havia tentado lentamente aperfeiçoar uma solução que, injetada nas veias do recém-falecido, restauraria a vida; um trabalho que exigia uma abundância de cadáveres frescos e, portanto, envolvia as ações mais antinaturais. Ainda mais chocantes foram os produtos de alguns dos experimentos — massas horríveis de carne que estavam mortas, mas que West acordou para uma animação cega, sem cérebro e nauseante. Esses eram os resultados usuais, pois para despertar a mente era necessário ter espécimes tão absolutamente frescos que nenhuma decomposição pudesse afetar as delicadas células cerebrais.

Essa necessidade de cadáveres muito frescos foi a ruína moral de West. Eles eram difíceis de conseguir, e em um dia terrível ele conseguiu seu espécime enquanto ainda estava vivo e vigoroso. Uma luta, uma agulha e um alcaloide poderoso o transformaram em um cadáver muito fresco, e o experimento foi bem-sucedido por um momento breve e memorável; mas West emergiu com uma alma calejada e queimada, e um olho endurecido que às vezes olhava com uma espécie de avaliação hedionda e calculista para homens de cérebro especialmente sensível e físico especialmente vigoroso. Perto do fim, fiquei com um medo agudo de West, pois ele começou a me olhar daquele jeito. As pessoas pareciam não notar seus olhares, mas notavam meu medo; e depois de seu desaparecimento, usaram isso como base para levantar algumas suspeitas absurdas.

West, na verdade, tinha mais medo do que eu; pois suas atividades abomináveis implicavam uma vida de clandestinidade e pavor de cada sombra. Em parte, era a polícia que ele temia; mas às vezes seu nervosismo era mais profundo e nebuloso, tocando em certas coisas indescritíveis nas quais ele havia injetado uma vida mórbida e das quais não tinha visto essa vida partir. Ele geralmente terminava seus experimentos com um revólver, mas algumas vezes não foi rápido o suficiente. Houve aquele primeiro espécime, em cujo túmulo saqueado marcas de garras foram vistas mais tarde. Havia também o corpo daquele professor de Arkham que havia feito coisas canibais antes de ser capturado e jogado sem identificação em uma cela de hospício em Sefton, onde bateu nas paredes por dezesseis anos. A maioria dos outros resultados possivelmente sobreviventes era coisa menos fácil de falar — pois nos últimos anos o zelo científico de West se degenerou para uma mania doentia e fantástica, e ele gastou sua habilidade principal em vitalizar não corpos humanos inteiros, mas partes isoladas de corpos, ou partes unidas a matéria orgânica que não seja humana. Quando ele desapareceu, esse hábito já havia se tornado diabolicamente repugnante; muitos dos experimentos não podiam sequer ser sugeridos para impressão. A Grande Guerra, durante a qual nós dois servimos como cirurgiões, intensificou este lado de West.

Ao dizer que o medo de West por seus espécimes era nebuloso, tenho em mente particularmente sua natureza complexa. Parte disso veio meramente do conhecimento da existência de tais monstros sem nome, enquanto outra parte surgiu da apreensão do dano corporal que eles poderiam, sob certas circunstâncias, causar-lhe. O desaparecimento deles acrescentou horror à situação — de todos eles, West sabia o paradeiro de apenas um, a lamentável coisa do asilo. Então houve um medo mais sutil — uma sensação muito fantástica resultante de um curioso experimento no exército canadense em 1915. West, no meio de uma batalha severa, reanimara o major Sir Eric Moreland Clapham-Lee, DSO., um colega médico que sabia sobre seus experimentos e poderia tê-los duplicado. A cabeça do médico fora removida para que as possibilidades de vida quase inteligente pudessem ser investigadas. Bem quando o prédio foi atingido por um projétil alemão, obtivemos sucesso. O tronco havia se movido de forma inteligente; e nós dois tínhamos uma certeza doentia de que sons articulados tinham vindo da cabeça desprendida enquanto ela estava em um canto sombrio do laboratório. A granada tinha sido misericordiosa, de certa forma, mas West nunca teve a total certeza de que nós dois fomos os únicos sobreviventes. Costumava fazer conjecturas trêmulas sobre as possíveis ações de um médico sem cabeça com o poder de reanimar os mortos.

O último aposento de West foi uma casa venerável e muita elegante, com vista para um dos cemitérios mais antigos de Boston. Ele havia escolhido o local por razões puramente simbólicas e fantasticamente estéticas, já que a maioria dos enterros era do período colonial e, portanto, de pouca utilidade para um cientista que buscava corpos muito frescos. O laboratório ficava em um porão construído secretamente por operários imigrantes e continha um enorme incinerador para a eliminação silenciosa e completa de tais corpos, ou fragmentos sintéticos de corpos que pudessem restar dos experimentos mórbidos e das diversões profanas do proprietário. Durante a escavação desse porão, os operários haviam atingido uma alvenaria extremamente antiga, indubitavelmente ligada ao antigo cemitério, mas profunda demais para corresponder a qualquer sepulcro conhecido ali. Depois de uma série de cálculos, West decidiu que ela representava alguma câmara secreta sob o túmulo dos Averills, onde o último sepultamento havia sido feito em 1768. Eu estava com ele quando ele estudou as paredes salinas e gotejantes expostas pelas pás e picaretas dos operários, e estava preparado para a emoção horrível que acompanharia a descoberta de segredos de túmulos centenários; mas pela primeira vez a nova timidez de West conquistou sua curiosidade natural, e ele traiu sua fibra degenerada ordenando que a alvenaria fosse deixada intacta e rebocada. Assim permaneceu até aquela noite infernal final; parte das paredes do laboratório secreto. Falo da decadência de West, mas devo acrescentar que era uma coisa puramente mental e intangível. Externamente, ele era o mesmo até o fim — calmo, frio, franzino e loiro, com olhos azuis de óculos e um aspecto geral de juventude que os anos e os medos pareciam nunca mudar. Ele parecia calmo mesmo quando lembrava daquela sepultura com garras e olhava por cima dos ombros; mesmo quando pensava na coisa carnívora que roía e arranhava as barras de Sefton.

O fim de Herbert West começou em uma noite em nosso escritório conjunto, quando ele dividia seu olhar curioso entre o jornal e eu. Uma estranha manchete captou sua atenção entre as páginas amassadas, e uma garra de titã imensa parecia nos reencontrar depois de dezesseis anos. Algo temível e incrível havia acontecido no Asilo Sefton, a oitenta quilômetros de distância, atordoando a vizinhança e confundindo a polícia. Nas primeiras horas da manhã, um grupo de homens silenciosos entrou no terreno e seu líder acordou os atendentes. Era uma figura militar ameaçadora que falava sem mover os lábios e cuja voz parecia quase ventríloqua, e carregava uma imensa maleta preta. Seu rosto inexpressivo exalava uma beleza radiante, mas chocou o superintendente quando a luz do corredor caiu sobre ele — pois era um rosto de cera com olhos de vidro pintado. Algum acidente sem nome havia acontecido com esse homem. Um homem maior guiou seus passos; um brutamonte repelente cujo rosto azulado parecia meio devorado por alguma doença desconhecida. O orador havia pedido a custódia do monstro canibal internado em Arkham dezesseis anos antes; e ao ser recusado, deu um sinal que precipitou um tumulto chocante. Os demônios haviam espancado, pisoteado e mordido todos os atendentes que não fugiram; matando quatro e finalmente conseguindo a libertação do monstro. As vítimas que podiam recordar o evento sem histeria juravam que as criaturas agiram menos como homens do que como autômatos impensáveis guiados pelo líder de rosto de cera. Quando a ajuda pôde ser chamada, os homens e seu louco haviam desaparecido.

Da hora que leu essa manchete até a meia-noite, West ficou sentado quase paralisado. À meia-noite a campainha tocou, assustando-o. Todos os criados estavam dormindo no sótão, então atendi a campainha. Como disse à polícia, não havia carroça na rua; mas apenas um grupo de figuras de aparência estranha carregando uma grande caixa quadrada que eles depositaram no corredor depois que um deles grunhiu com uma voz altamente antinatural: "Expresso pré-pago". Eles saíram da casa com passos irregulares e, enquanto eu os observava partir, tive a estranha ideia de que estavam virando em direção ao antigo cemitério que dava para os fundos da casa. Quando bati a porta atrás deles, West desceu e olhou para a caixa. Tinha cerca de sessenta centímetros quadrados e trazia o nome correto e o endereço atual de West. Também trazia a inscrição: "De Eric Moreland Clapham-Lee, St. Eloi, Flandres". Seis anos antes, em Flandres, um hospital bombardeado havia caído sobre o tronco reanimado sem cabeça do Dr. Clapham-Lee, e sobre a cabeça desprendida que — talvez — emitira sons articulados.

West não ficou nem mesmo animado na hora. Sua condição era mais medonha. Rapidamente, ele disse: "É o fim, mas vamos incinerar isso." Levamos a coisa para o laboratório — de ouvidos atentos. Não me lembro de muitos detalhes — você pode imaginar meu estado de espírito —, mas é uma mentira cruel dizer que foi o corpo de Herbert West que coloquei no incinerador. Nós dois inserimos toda a caixa de madeira lacrada, fechamos a porta e ligamos a eletricidade. Afinal, nenhum som veio da caixa.

Foi West quem primeiro notou o reboco caindo naquela parte da parede onde a alvenaria da antiga tumba havia sido coberta. Eu ia correr, mas ele me parou. Então vi uma pequena abertura preta, senti um vento gelado macabro e cheirei as entranhas sepulcrais de uma terra putrefata. Não havia som, mas nesse momento as luzes elétricas se apagaram e vi delineada contra alguma fosforescência do mundo inferior uma horda de coisas silenciosas que só a insanidade — ou pior — poderia criar. Seus contornos eram parcialmente humanos — a horda era grotescamente heterogênea. Retiravam silenciosamente as pedras, uma a uma, da muralha centenária. E então, quando a brecha se tornou grande o suficiente, eles entraram no laboratório em fila indiana; liderada por uma coisa perseguidora com uma bela cabeça feita de cera. Uma espécie de monstruosidade de olhos loucos por trás do líder se apoderou de Herbert West. West não resistiu nem emitiu um som. Então todos saltaram sobre ele e o despedaçaram diante de meus olhos, levando os fragmentos para aquela abóbada subterrânea de abominações fabulosas. A cabeça de West foi levada pelo líder, que usava um uniforme de oficial canadense. Quando desapareceu, vi que os olhos azuis por trás dos óculos brilhavam horrivelmente, com seu primeiro toque de emoção frenética e visível.

Os criados me encontraram inconsciente pela manhã. West se foi. O incinerador continha apenas cinzas não identificáveis. Detetives me questionaram, mas o que posso dizer? Eles não vão conectar a tragédia de Sefton com West; nem isso, nem os homens com a caixa, cuja existência eles negam. Contei a eles sobre a cripta, e eles apontaram para a parede de gesso intacta e riram. Então não contei mais nada a eles. Insinuam que sou um louco ou um assassino — provavelmente sou louco. Mas eu poderia não estar louco, se aquelas malditas legiões de tumbas não tivessem sido tão silenciosas.

A MALDIÇÃO DE SARNATH (1919)

Há na terra de Mnar um vasto lago tranquilo que não é alimentado por nenhum riacho e do qual nenhum córrego flui. Dez mil anos atrás, havia à sua costa a poderosa cidade de Sarnath, mas Sarnath não está mais ali.

Conta-se que em tempos imemoriais, quando o mundo era jovem, antes mesmo de os homens de Sarnath chegarem à terra de Mnar, havia outra cidade às margens do lago, a cidade de pedra cinzenta de Ib, tão antiga quanto o próprio lago e habitada por criaturas de aspecto desagradável. Eram estranhas e feias, como aliás a maioria das criaturas de um mundo ainda incipiente e grosseiramente moldado. Está escrito nos cilindros cor de tijolo de Kadatheron que as criaturas de Ib eram da cor verde do lago e das brumas que sobre ele pairam; que tinham olhos saltados, lábios moles caídos e curiosas orelhas, e não eram dotadas de voz. Está escrito também que desceram da lua dentro de uma neblina: elas, e o vasto lago parado, e a cidade de pedra cinzenta de Ib. Seja como for, o certo é que adoravam um ídolo de pedra verde-mar cinzelado à imagem de Bokrug, o grande lagarto aquático, diante do qual dançavam grotescamente ao clarão da lua crescente. E está escrito no papiro de Ilarnek que elas descobriram, certa vez, o fogo, e dali em diante acenderam fogueiras em muitas ocasiões cerimoniais. Mas não há muita coisa escrita sobre essas criaturas, porque elas viviam em tempos muito ancestrais e o homem é jovem sabendo pouco sobre os seres muito antigos.

Depois de muitas eras, homens chegaram à terra de Mnar, uma escura gente pastoril com seus rebanhos felpudos que construiu Thraa, Ilarnek e Kadatheron às margens do sinuoso rio Ai. E certas tribos, mais ousadas que as outras, alcançaram a orla do lago e construíram Sarnath, num lugar onde metais preciosos eram encontrados na terra.

Não muito longe da cidade cinzenta de Ib, as tribos errantes assentaram as primeiras pedras de Sarnath, maravilhando-se com as criaturas de Ib. Mas havia ódio misturado com sua admiração, pois não achavam certo que criaturas com tal aspecto pudessem circular pelo mundo dos homens ao crepúsculo. Também não gostavam das estranhas esculturas sobre os monólitos cinzentos de Ib, pois ninguém saberia dizer por que aquelas esculturas haviam durado tanto tempo, até a chegada dos homens; a menos que fosse porque a terra de Mnar era muito pacífica e distante da maioria dos outros mundos, tanto da vigília como do sonho.

Quanto mais os homens de Sarnath viam as criaturas de Ib, mais aumentava seu ódio, e este não diminuiu quando perceberam que as criaturas eram fracas e moles como geleia ao contato de pedras e flechas. Assim, certo dia, os jovens guerreiros, os fundeiros, os lanceiros e arqueiros marcharam contra Ib e mataram todos os seus habitantes, empurrando os hediondos corpos para o lago com longos chuços, porque não desejavam tocá-los. E como não gostassem dos cinzelados monólitos cinzentos de Ib, atiraram-nos também ao lago, cismando, diante da grandeza do trabalho que teria sido trazer as pedras de muito longe, como isto devia ter acontecido, pois não havia nada que se lhes assemelhasse na terra de Mnar ou nas terras adjacentes.

Assim, nada foi poupado da antiquíssima cidade de Ib, exceto o ídolo de pedra verde-mar cinzelado à imagem de Bokrug, o lagarto aquático. Este, os jovens guerreiros levaram consigo como símbolo de conquista sobre os velhos deuses e criaturas de Ib, e como um signo de dominação em Mnar. Mas na noite seguinte à que ele foi colocado num templo, uma coisa terrível deve ter acontecido, pois luzes fantásticas foram vistas sobre o lago e, pela manhã, as pessoas descobriram que o ídolo havia sumido e o sumo sacerdote Taran-Ish estava morto, aparentando ter experimentado um pavor indescritível. Antes de morrer, Taran-Ish havia riscado sobre o altar de crisólita, com traços rudes e tremidos, o sinal da Maldição.

Depois de Taran-Ish houve muitos sumos sarcedotes em Sarnath, mas o ídolo de pedra verde-mar jamais foi encontrado. E muitos séculos vieram e passaram, ao longo dos quais Sarnath prosperou extraordinariamente, e somente os sacerdotes e as mulheres velhas recordavam o que Taran-Ish rabiscara sobre o altar de crisólita. Entre Sarnath e a cidade de Ilarnek instalou-se uma rota de caravana, e os metais preciosos da região eram trocados por outros metais, trajes raros, jóias, livros, ferramentas para os artífices e todas as coisas de luxo conhecidas pelo povo que mora às margens do sinuoso rio Ai e além dele. Foi assim que Sarnath tornou-se poderosa, instruída e bela, e enviou exércitos de conquista para dominar cidades vizinhas. Com o tempo, prostraram-se diante do trono de Sarnath, os reis de todas as terras de Mnar e de muitas terras adjacentes.

Sarnath, a magnífica, era a maravilha do mundo e o orgulho de toda a humanidade. De mármore polido extraído do deserto eram suas muralhas, com trezentos cúbitos de altura e setenta e cinco de largura, permitindo que os carros de combate cruzassem uns com os outros quando os homens os conduziam ao longo de sua crista. Elas percorriam quinhentos estádios, abrindo-se somente na face virada para o lago, onde um quebra-mar de pedra verde continha as ondas que estranhamente se erguiam, uma vez por ano, no dia da celebração da destruição de Ib. Em Samath havia cinquenta ruas que iam do lago aos portões das caravanas, e outras cinquenta transversais a elas. Eram calçadas de ônix, exceto as percorridas por cavalos, camelos e elefantes, que eram cobertas de granito. E os portões de Sarnath eram tantos quanto as extremidades das ruas voltadas para a terra, todos de bronze e flanqueados por figuras de leões e elefantes escavadas em algum tipo de pedra já então desconhecida entre os homens. As casas de Sarnath eram de tijolos esmaltados e calcedônia, cada uma com seu jardim murado e seu tanque de cristal. Estranha era a arte com que foram construídas, pois nenhuma outra cidade possuía casas assim, e os visitantes de Thraa, Ilarnek e Kadatheron se maravilhavam com as cúpulas cintilantes que as coroavam.

Ainda mais fabulosos eram os palácios, e os templos, e os jardins construídos por Zokkar, o antigo rei. Havia muitos palácios, os menores deles mais imponentes do que qualquer outro de Thraa, Ilarnek ou Kadatheron. Eram tão altos que alguém que estivesse em seu interior poderia, às vezes, imaginar-se estar abaixo apenas do céu. No entanto, quando iluminadas com tochas mergulhadas no óleo de Dothur, suas paredes mostravam vastas pinturas de reis e exércitos, de um esplendor ao mesmo tempo inspirador e estupefato para o observador. Muitas eram as colunas dos palácios, todas de mármore colorido, entalhadas com ornamentos de insuperável beleza. Na maioria dos palácios, os pisos eram mosaicos de berilo, e lápis-lazúli, e sardônica, e carbúnculo, e outros materiais nobres de tal forma organizados que o espectador podia se imaginar caminhando sobre canteiros das mais raras flores. E havia também fontes que esguichavam águas aromáticas em graciosos jarros desenhados com artística maestria. Mais radiante de todos era o palácio dos reis de Mnar e das terras adjacentes. Sobre um par de leões de ouro agachados se assentava o trono, muitos degraus acima do piso resplendente. Era entalhado numa única peça de marfim, embora nenhuma criatura viva soubesse de onde uma peça tão imensa poderia ter vindo. Naquele palácio havia também muitas galerias e muitos anfiteatros onde leões, homens e elefantes combatiam para a diversão dos reis. Ocasionalmente, os anfiteatros eram inundados com água trazida do lago por imponentes aquedutos e ali se encenavam então empolgantes combates aquáticos entre nadadores e pavorosas criaturas marinhas.

Imponentes e assombrosos eram os dezessete templos em forma de torre de Sarnath, decorados com uma brilhante pedra multicor desconhecida em outros lugares. O maior deles se erguia a mil cúbitos de altura e era habitado pelos sumos pontífices que viviam com magnificência não muito inferior à dos reis. No térreo ficavam salões tão vastos e esplêndidos como os salões dos palácios onde as multidões se congregavam para adorar a Zo-Kalar, Tamash e a Lobon, os principais deuses de Sarnath, cujos relicários, envoltos em incenso, eram como os tronos dos monarcas. Não eram como os ícones de outros deuses, os de Zo-Kalar, Tamash e Lobon, pois pareciam tão vivos que se poderia jurar que os próprios graciosos deuses barbados estavam sentados nos tronos de marfim. E no alto de intermináveis degraus de zircão ficava a câmara da torre de onde os sumos sacerdotes vigiavam a cidade, as planícies e o lago durante o dia; e a enigmática lua, os planetas e estrelas significativos e seus reflexos no lago, à noite. Ali era praticado o secretíssimo e ancestral rito de execração de Bokrug, o lagarto aquático, e ali repousava o altar de crisólita que exibia o sinal da Maldição rabiscado por Taran-Ish.

Maravilhosos também eram os jardins feitos por Zokkar, o antigo rei. No centro de Sarnath eles cobriam um grande espaço e cercados por um muro alto. E eles eram encimados por uma poderosa cúpula de vidro, através da qual brilhavam o sol, a lua, as estrelas e os planetas quando estava claro. No verão, os jardins eram refrescados por amenas brisas aromáticas habilmente sopradas por ventiladores, e no inverno eram aquecidos por fogueiras ocultas, de modo que, naqueles jardins, reinava eterna a primavera. Ali corriam pequenos riachos sobre pedregulhos lustrosos, dividindo campinas verdejantes e jardins de infinitos matizes, e cruzados por uma multidão de pontes. Muitas cascatas haviam em seus cursos, e muitas eram as lagoas ornadas de lírios em que se alargavam. Sobre os riachos e lagoas deslizavam cisnes brancos, enquanto o canto de aves raras harmonizava-se com a melodia das águas. Em ordenados terraços erguiam-se as verdejantes margens adornadas, aqui e ali, por caramanchões de trepadeiras e flores suaves, e bancos de mármore e pórfiro. E havia ali muitos santuários e templos pequenos onde se podia repousar e orar a deuses menores.

Todos os anos, celebrava-se em Sarnath a festa da destruição de Ib, em cuja ocasião abundavam o vinho, as canções, as danças e diversões de todos os tipos. Grandes homenagens eram prestadas aos que haviam aniquilado as estranhas criaturas antigas, e a memória daquelas criaturas e de seus antigos deuses era escarnecida por dançarinos e ativistas coroados com rosas dos jardins de Zokkar. E os reis olhavam na direção do lago e amaldiçoavam os ossos dos mortos que jaziam em suas profundezas. De início, os sumos sacerdotes não gostavam desses festivais, pois corriam entre eles narrativas fantásticas de como o ídolo verde-mar havia desaparecido e Taran-Ish morrera de medo deixando uma advertência. E diziam que de sua alta torre ocasionalmente avistavam luzes no interior das águas do lago. Mas depois de muitos anos se passarem sem calamidades, até mesmo os sacerdotes riam, e maldiziam, e participavam das orgias dos foliões. Então eles próprios não haviam realizado, tantas vezes, em sua alta torre, o antiquíssimo e secreto rito de execração de Bokrug, o lagarto aquático? E mil anos de riquezas e prazeres passaram por Sarnath, maravilha do mundo e orgulho de toda a humanidade.

A festa do milésimo ano da destruição de Ib foi de uma suntuosidade além do pensamento. Durante a década que a precedeu, muito se falou sobre ela na terra de Mnar, e quando seu momento se aproximou, vieram a Sarnath, montados em cavalos, camelos e elefantes, homens de Thraa, Ilarnek e Kadatheron, e de todas as cidades de Mnar e de terras distantes. Diante das muralhas de mármore, na noite aprazada, erguiam-se os pavilhões de príncipes e as tendas de viajantes. No interior de seu salão de banquete reclinava-se Nargis-Hei, o rei, embriagado de envelhecido vinho das adegas da conquistada Pnoth, rodeado por nobres foliões e escravos atarefados. Muitas guloseimas exóticas foram consumidas naquele festim; pavões das longínquas colinas de Implan, corcovas de camelos do deserto de Bnazic, nozes e especiarias dos bosques de Sydathrian, e pérolas da marítima Mtal dissolvidas no vinagre de Thraa. Eram incontáveis os molhos, preparados pelos mais refinados cozinheiros de toda Mnar, agradáveis ao paladar de todos os convivas. Mas a mais apreciada de todas as iguarias eram os grandes peixes do lago, enormes, servidos em travessas de ouro enfeitadas de rubis e diamantes.

Enquanto o rei e seus nobres festejavam dentro do palácio e olhavam o prato principal que os esperava nas travessas douradas, outros festejavam por toda parte. Na torre do grande templo, os sacerdotes realizavam festins, e nos pavilhões do lado de fora das muralhas, os príncipes de terras vizinhas se divertiam. E foi o sumo sacerdote Gnai-Kah o primeiro a avistar as sombras que desciam da lua crescente para o lago, e as perversas névoas verdes que se erguiam do lago de encontro à lua, para envolver, num sinistro nevoeiro, as torres e cúpulas da condenada Sarnath. Em seguida, os que estavam nas torres e fora das muralhas avistaram estranhas luzes sobre a água, e viram que a rocha cinzenta Akurion, que costumava se altear muito acima dela, perto da praia, estava quase submersa. E o medo foi crescendo vaga, mas rapidamente, até que os príncipes de Ilarnek e da distante Rokol desarmaram e dobraram suas tendas e pavilhões e partiram, embora mal soubessem o motivo de sua partida.

Então, perto da hora da meia-noite, todos os portões de bronze de Sarnath se abriram e esvaziaram uma multidão frenética que escureceu a planície, de modo que todos os príncipes visitantes e viajantes fugiram assustados. Pois nos rostos dessa multidão estava inscrita uma loucura nascida de um horror insuportável, e em suas línguas surgiam palavras tão terríveis que nenhum ouvinte parava para verificar. Homens com os olhos arregalados de pavor uivavam sobre a visão do interior do salão de banquete do rei, onde, através das janelas, não eram mais vistas as formas de Nargis-Hei e seus nobres e escravos, mas sim a de uma horda de indescritíveis criaturas verdes sem voz, de olhos saltados, lábios moles caídos e curiosas orelhas; criaturas que dançavam grotescamente segurando com as patas, as douradas travessas ornadas de rubis e diamantes abrigando misteriosas chamas. E os príncipes e viajantes, enquanto fugiam da condenada cidade de Sarnath sobre cavalos, camelos e elefantes, olharam novamente para o lago nevoento e viram a rocha cinzenta de Akurion quase submersa.

Por toda a terra de Mnar e regiões adjacentes, espalharam-se as histórias dos que haviam fugido de Sarnath, e as caravanas não mais procuraram aquela cidade amaldiçoada e seus preciosos metais. Passou-se muito tempo até alguns viajantes irem lá e, mesmo assim, apenas os destemidos e aventureiros jovens de cabelos louros e olhos azuis que não têm nenhum parentesco com a gente de Mnar. Esses homens foram realmente até o lago para observar Sarnath, mas embora tivessem encontrado o enorme lago estagnado e a rocha cinzenta de Akurion, que se alteia ao seu lado perto da praia, não avistaram a maravilha do mundo e o orgulho da humanidade. Onde antes se erguiam muralhas de trezentos cúbitos e torres ainda mais altas, estendia-se agora apenas a pantanosa praia, e onde antes viviam cinquenta milhões de pessoas, rastejava agora o odioso lagarto aquático. Nem mesmo as minas de metais preciosos existiam.

Mas meio enterrado nos juncos foi avistado um curioso ídolo verde de pedra; um ídolo extremamente antigo revestido de algas marinhas e esculpido à semelhança de Bokrug, o grande lagarto aquático. Esse ídolo, consagrado no alto templo em Ilarnek, foi posteriormente adorado sob a lua gigante em toda a terra de Mnar.

A DECLARAÇÃO DE RANDOLPH CARTER (1919)

Repito a vocês, senhores, que sua inquisição é infrutífera. Detenha-me aqui para sempre, se quiser; confine-me ou execute-me se você deve ter uma vítima para propiciar a ilusão que você chama de justiça; mas não posso dizer mais do que já disse. Tudo o que me lembro, contei com perfeita franqueza. Nada foi distorcido ou oculto, e se alguma coisa permanecer vaga, é apenas devido à nuvem escura que caiu sobre meu espírito — essa nuvem e a natureza nebulosa dos horrores que a fizeram abater-se sobre mim. Digo mais uma vez: não sei do que foi feito de Harley Warren, embora pense — quase rezo para isso — que ele esteja em um esquecimento pacífico, se é que existe algo tão abençoado. É verdade que por cinco anos fui seu melhor amigo e que, em parte compartilhei de suas terríveis pesquisas sobre o desconhecido. Não negarei, embora minha memória esteja insegura e vaga, que essa sua testemunha nos possa ter visto juntos, na estrada de Gainsville, caminhando na direção do Pântano do Cipreste Grande às onze e meia daquela noite tenebrosa. Que carregávamos lanternas elétricas, pás e um curioso rolo de fio, a que se prendiam certos instrumentos, eu mesmo me disponho a afirmar, pois todas essas coisas desempenharam um papel importante naquela cena hedionda que continua gravada à fogo em minha memória abalada. Mas com relação ao que se seguiu e ao motivo pelo qual fui encontrado sozinho e aturdido na beira do pântano, na manhã seguinte, devo insistir em que nada sei, salvo o que já narrei repetidamente. Você me diz que não há nada no pântano ou perto dele que possa ser o cenário desse episódio assustador. Respondo que não sei nada além do que vi. Pode ter sido uma visão ou pesadelo — visão ou pesadelo, espero fervorosamente que tenha sido —, mas é tudo o que minha mente retém do que aconteceu naquelas horas chocantes depois que deixamos a visão dos homens.

E por que Harley Warren não voltou, somente ele ou seu espectro — ou alguma coisa inominável que não sei descrever — poderão dizer. Como eu disse antes, os estranhos estudos de Harley Warren eram bem conhecidos por mim e, até certo ponto, compartilhados por mim, e sua vasta coleção de livros estranhos e raros sobre temas proibidos. Li todos os escritos nas línguas que domino, contudo esses são poucos em comparação aos escritos em idiomas que desconheço. Na maioria, acredito, são em árabe; e o livro inspirado no demônio que trouxe o fim — o livro que ele carregava no bolso para fora do mundo — foi escrito em caracteres que eu nunca vi em nenhum outro lugar. Warren nunca me diria exatamente o que havia naquele livro. Quanto à natureza de nossos estudos — precisarei repetir ainda uma vez que já não conservo deles plena compreensão? Parece-me até misericordioso que seja assim, pois eram estudos terríveis, que eu levava a cabo mais por relutante fascinação que por inclinação verdadeira. Warren sempre me dominou e às vezes eu o temia. Lembro-me como estremeci ante sua expressão facial na noite anterior ao fato hediondo, enquanto ele falava sem cessar de sua teoria — por que certos cadáveres nunca se decompõem, mas permanecem íntegros em suas tumbas por mil anos. No entanto, já não o temo mais, pois suspeito que ele conheceu horrores além do meu alcance. Agora temo por ele.

Mais uma vez repito: não tenho nenhuma lembrança clara de nosso objetivo naquela noite. Certamente teria muito a ver com o livro que Warren levava consigo — aquele livro antigo, num alfabeto indecifrável e que lhe chegara da Índia um mês antes — mas juro que não sei o que esperávamos encontrar. A sua testemunha declara que nos viu às onze e meia na estrada de Gainsville, seguindo na direção do Pântano do Cipreste Grande. É provável que isso seja verdade, mas não me lembro com nitidez. A imagem gravada em minha alma é de apenas uma cena, e a hora deve ter sido muito depois da meia-noite; pois uma lua crescente minguante estava alta nos céus vaporosos.

O lugar era um cemitério antigo. Tão antigo que eu me sobressaltava ante os inúmeros indícios de anos imemoriais. Ficava em um buraco profundo e úmido, coberto de grama fétida, musgo e ervas daninhas curiosas e rastejantes, e cheio de um vago fedor que minha imaginação ociosa associava absurdamente a pedra podre. Por toda a parte havia sinais de abandono e decrepitude e eu parecia perseguido pela ideia de Warren: nós éramos as primeiras criaturas vivas a invadir um silêncio letal de séculos. Sobre a borda do vale, uma lua crescente, lânguida e fraca, espreitava através dos vapores repulsivos que pareciam emanar de catacumbas inauditas, e seus raios débeis e bruxuleantes faziam-me discernir um aglomerado repelente de lápides, urnas, cenotáfios e mausoléus, todos em ruínas, cobertos de musgo e manchados de umidade, e em parte ocultos pela luxuria obscena da vegetação insalubre. A primeira impressão vivida que tenho de minha própria presença nessa necrópole terrível refere-se ao ato de deter-me com Warren diante de um certo sepulcro obliterado e de jogar no chão alguns fardos que parecia estar carregando. Notei então que trazia comigo uma lanterna elétrica e duas pás, ao passo que meu companheiro portava uma lanterna semelhante e um aparelho telefônico portátil. Não se disse qualquer palavra, pois o local e a missão pareciam-nos conhecidos. E sem demora pegamos nossas pás e começamos a limpar a grama, as ervas daninhas e a terra caída do necrotério chato e arcaico. Após expormos toda a sua superfície, que consistia em três imensas lajes de granito, recuamos alguns passos para examinar o ossuário. Warren parecia estar fazendo alguns cálculos mentais. Depois voltou ao sepulcro e, usando a pá como alavanca, tentou erguer a laje que ficava mais próxima de uma ruína de pedra e que pode ter sido outrora um monumento. Não conseguindo seu intento, fez um gesto para que eu o auxiliasse. Por fim, nossos esforços combinados fizeram com que a pedra se soltasse. Nós a levantamos e a arredamos do lugar.

Com a remoção da laje, ficou à vista uma abertura negra, da qual jorrou uma efluência de gases miasmáticos, tão nauseantes que saltamos para trás, tomados de horror. Após um intervalo, entretanto, aproximamo-nos novamente da cova e achamos as exalações menos intoleráveis. Nossas lanternas revelaram o alto de um lance de degraus, dos quais gotejava um licor repugnante e que eram delimitados por paredes úmidas recobertas de bolor. E agora, pela primeira vez minha memória registra um discurso verbal, Warren se dirigindo a mim longamente em sua voz suave de tenor; uma voz singularmente imperturbável por nosso ambiente impressionante. "Lamento ter que lhe pedir para ficar na superfície", disse ele, "mas seria criminoso permitir que alguém de nervos tão frágeis descesse até lá. Não pode imaginar, mesmo pelo que leste e pelo que eu te disse, as coisas que terei de ler e de fazer. Trata-se de um trabalho diabólico, Carter, e duvido que algum homem sem sensibilidades férreas pudesse ver aquelas coisas e voltar vivo e são. Não é desejo ofender-te e Deus sabe o quanto eu gostaria de levar-te comigo. Mas em certo sentido a responsabilidade é minha, e eu não poderia arrastar um homem de nervos à flor da pele como você até a provável morte ou loucura. Te digo, não dá para imaginar como a coisa realmente é! Mas prometo manter-te informado de cada passo meu pelo telefone — você vê que tenho fio suficiente aqui para chegar ao centro da terra e voltar!"

Ainda ressoam em minha memória essas palavras, pronunciadas tranquilamente. E ainda me recordo de meus protestos. Eu parecia desesperadamente ansioso por acompanhar meu amigo para aquelas profundezas sepulcrais, mas ele se mostrava de uma obtinação inflexível. A certo momento, ameaçou abandonar a expedição caso eu insistisse. A ameaça tinha peso, pois só ele possuía a chave do que procurávamos. De tudo isso ainda me lembro, muito embora já não saiba que espécie de coisa buscávamos. Depois de haver obtido minha relutante aquiescência a seu plano, Warren pegou o rolo de fio e ajustou seus instrumentos. Ao seu aceno, peguei um dos últimos e me sentei sobre uma lápide velha e descolorida perto da abertura recém-descoberta. Então ele apertou minha mão, colocou o rolo de arame no ombro e desapareceu dentro daquele ossuário indescritível. Durante um minuto ainda percebi o brilho da lanterna e escutei o farfalhar do fio, enquanto Warren o estendia pelo chão; mas o brilho da luz sumiu repentinamente, como se ele houvesse dobrado uma esquina na escada de pedra e quase ao mesmo tempo o som cessou igualmente. Eu estava sozinho, mas preso às profundezas desconhecidas por aqueles fios mágicos cuja superfície isolada jazia verde sob os raios trêmulos daquela lua crescente pálida.

No silêncio solitário daquela velha e deserta cidade dos mortos, minha mente concebeu as mais horríveis fantasias e ilusões; e os grotescos santuários e monólitos pareciam assumir uma personalidade hedionda. Sombras amorfas pareciam espreitar nas reentrâncias mais escuras do buraco coberto de ervas daninhas e esvoaçar como em uma procissão cerimonial blasfema pelos portais das tumbas em decomposição na encosta da colina; sombras que não poderiam ter sido projetadas por aquela lua crescente pálida e perspicaz.

A cada momento eu consultava o relógio, à luz da lanterna elétrica e, tomado de ansiedade febril, procurava ouvir alguma coisa no receptor do telefone. Entretanto, durante mais de um quarto de hora nada ouvi. Então o instrumento emitiu um estalido e eu chamei meu amigo com voz tensa. Por mais apreensivo que me sentisse, eu não estava preparado, entretanto para as palavras que subiram daquela cova hedionda, em tons mais alarmados e hesitantes do que eu já havia escutado de Harley Warren. Ele, que se despedira de mim com tamanha calma havia pouco, agora gritava de baixo em um sussurro trêmulo mais portentoso do que o grito mais alto:

"Meu Deus! Se pudesse ver o que estou vendo!"

Não pude responder. Mudo, eu só podia esperar. Ouvi novamente as palavras agitadas: "Carter, é terrível... monstruoso... inacreditável!" Dessa vez a voz não me faltou e despejei no aparelho um jorro de indagações excitadas. Aterrorizado, não cessava de repetir: "Warren, o que foi? O que foi?" Mais uma vez escutei a voz de meu amigo, ainda repassada de medo e agora aparentemente impregnada de desespero: "Não posso te dizer, Carter! É demasiado incrível... não ouso contar... nenhum homem poderia saber e sobreviver... Santo Deus! Jamais sonhei com isso!"

Voltou o silêncio, apenas quebrado pela torrente de perguntas sobressaltadas que eu fazia. Ouvi então novamente a voz de Warren, num tom de delirante consternação: "Carter! Pelo amor de Deus, reponha a laje no lugar e saia daí se puder! Esqueça tudo e corra... é sua última oportunidade! Faça o que eu digo e não peça explicações!" Eu escutava, mas só conseguia repetir minhas perguntas frenéticas. Em meu redor estavam as tumbas, a escuridão e as sombras; abaixo de mim, algum perigo que sobrepujava o alcance da imaginação humana. Mas meu amigo corria mais perigo do que eu, e sobre meu medo passou um vago ressentimento de que ele me julgasse capaz de abandoná-lo em tal situação. Novos estalidos e após uma pausa, ouvi o grito angustiado de Carter: "Fuja! Pelo amor de Deus, põe a laje no lugar e te manda, Carter!" Alguma coisa na gíria juvenil de meu companheiro, evidentemente transtornado, liberou minhas faculdades. Formei e gritei uma resolução, "Warren, aguenta firme! Vou descer!" No entanto, diante dessa proposta o tom de meu interlocutor transformou-se num grito de completo desespero: "Não! Não compreende! É tarde demais... e por minha própria culpa. Põe a laje no lugar e corre... não há mais nada que você ou outra pessoa possa fazer!" Seu tom de voz mudou novamente, adquirindo dessa vez mais suavidade, como que traduzindo uma resignação sem esperança. Contudo, para mim ele permanecia tenso de ansiedade. "Depressa... antes que seja tarde demais!" Tentei não lhe dar ouvidos. Tentei quebrar a paralisia que me detinha e cumprir minha promessa de descer para ajudá-lo. Seu próximo murmúrio, todavia, ainda me encontrou inerte, preso de puro horror. "Carter... corre! Não adianta... precisa fugir... antes um que dois... a laje..." Uma pausa, mais estalidos, e depois a voz débil de Warren: "Quase acabado agora... não dificulta ainda mais... cobre esses degraus malditos e foge para salvar sua vida... está perdendo tempo... adeus, Carter... não o verei novamente". Nesse ponto, o murmúrio de Warren converteu-se em grito, um grito que aos poucos se transmudou em uivo, carregado de todo o horror das eras... "Malditas coisas infernais... legiões... meu Deus! Fuja! Corra! "Depois disso, foi o silêncio. Ignoro por quanto tempo permaneci sentado ali, estupefato. Sussurrando, murmurando, gritando, berrando naquele telefone. Repetidas vezes ao longo desse tempo, sussurrei, murmurei, chamei, gritei e berrei "Warrren! Warren; responde... está aí? Foi então que sobreveio o cúmulo do horror... a coisa inacreditável, inimaginável, quase impronunciável. Já disse que foi como se passassem eras depois de Warren emitir sua derradeira advertência desesperada, e que apenas meus gritos quebravam agora o silêncio horrífico. Contudo depois de algum tempo houve um novo estalido no telefone e eu apurei os ouvidos. Mais uma vez chamei: "Warren está aí? e como resposta ouvi aquilo que lançou essa nuvem sobre minha alma. Não tento, senhores, explicar aquilo... aquela voz... nem me atrevo a descrevê-la em detalhes, uma vez que as palavras iniciais roubaram minha consciência e criaram um vazio mental que se estende ao momento em que despertei no Hospital. Direi que a voz era profunda? Oca? Gelatinosa? Remota? Sobrenatural? Inumana? Desencarnada? Que direi? Ela marcou o fim de minha experiência e é o fim de minha história. Eu a escutei, e de nada mais tomei conhecimento... escutei-a enquanto permanecia sentado, petrificado naquele cemitério desconhecido do vale, em meio às pedras carcomidas e aos túmulos em ruínas, junto à vegetação pútrida e aos vapores miasmáticos. Ouvi bem das profundezas daquele maldito sepulcro aberto enquanto observava sombras amorfas e necrófagas dançarem sob uma maldita lua minguante. E isso é o que dizia:

"IDIOTA, WARREN ESTÁ MORTO!"

Camelot
EDITORA

CamelotEditora

9 786587 817972